L'ENTRÉE DANS LE BILINGUISME

Espaces Discursifs

Collection dirigée par Thierry Bulot

La collection *Espaces discursifs* rend compte de la participation des discours (identitaires, épilinguistiques, professionnels…) à l'élaboration/représentation d'espaces – qu'ils soient sociaux, géographiques, symboliques, territorialisés, communautaires,… – où les pratiques langagières peuvent être révélatrices de modifications sociales.
Espace de discussion, la collection est ouverte à la diversité des terrains, des approches et des méthodologies, et concerne – au-delà du seul espace francophone – autant les langues régionales que les vernaculaires urbains, les langues minorées que celles engagées dans un processus de reconnaissance ; elle vaut également pour les diverses variétés d'une même langue quand chacune d'elles donne lieu à un discours identitaire ; elle s'intéresse plus largement encore aux faits relevant de l'évaluation sociale de la diversité linguistique.

Dernières parutions

Yves GAMBIER, Eija SUOMELA-SALMI, *Hybridité discursive et culturelle*, 2011.
Alexei PRIKHODKINE, *Dynamique normative du français en usage en Suisse romande*, 2011.
Claude VARGAS, Louis-Jean CALVET, Médéric GASQUET-CYRUS, Daniel VERONIQUE, Robert VION (Dirs.), *Langues et sociétés. Approches sociolinguistiques et didactiques*, 2010
Logambal SOUPRAYEN-CAVERY, *L'interlecte réunionnais. Approche sociolinguistique des pratiques et des représentations*, 2010.
Jeanne ROBINEAU, *Discrimination(s), genre(s) et urbanité. La communauté gaie à Rennes*, 2010.
Zsuzsanna FAGYAL, *Accents de banlieue. Aspects prosodiques du français populaire en contact avec les langues de l'immigration*, 2010.
Philippe BLANCHET et Daniel Coste (Dir.), *Regards critiques sur la notions d'« interculturalité ». Pour une didactique de la pluralité linguistique*, 2010.

Sous la direction de
Rada Tirvassen

L'ENTRÉE DANS LE BILINGUISME

Morceaux choisis

Préface de Colette Noyau

L'Harmattan

5-7, rue de l'Ecole-Polytechnique, 75005 Paris

http://www.librairieharmattan.com
diffusion.harmattan@wanadoo.fr
harmattan1@wanadoo.fr

ISBN : 978-2-296-96685-7
EAN : 9782296966857

PRÉFACE

La question des langues dans les îles de l'océan Indien est fort complexe et a été abondamment étudiée par des créolistes et des sociolinguistes. Elle pose aux systèmes éducatifs des défis peu communs : la pluralité des langues et de leurs usages, les hiérarchies complexes dans lesquelles entrent les langues dans chaque territoire, l'impact sur les situations linguistiques des évolutions sociétales en moins de deux générations depuis les indépendances, les pressions de la mondialisation qui entraîne des changements rapides auxquels les sociétés doivent faire face dans l'urgence : l'école doit absorber tous ces mouvements voire ces chocs ; or on sait que les institutions en charge d'éduquer se meuvent avec un temps de latence relevant davantage du voyage en paquebot que du trafic aérien. Après les décennies 70 et 80 où la suprématie des langues européennes dans l'éducation allait sans dire, est venu le temps d'affirmer le plurilinguisme comme un état de choses qui ne peut être oublié ou contourné, car éduquer les enfants exclusivement dans des langues qui leur sont étrangères entraîne retards et carences dans l'appropriation des connaissances et la maîtrise du langage comme outil cognitif. Quels modèles possibles d'une éducation dans le plurilinguisme et au plurilinguisme nous offre actuellement le système éducatif mauricien ? Quels parcours cognitifs sont ménagés au jeune apprenant, pour s'approprier les langues en présence et pour construire des connaissances ?

Rada Tirvassen est particulièrement bien placé pour traiter de ces questions, en tant que linguiste œuvrant au sein de l'Institut Mauricien pour l'Éducation (MIE), qui forme les enseignants du primaire et du secondaire pour le pays. Il a déjà par devers lui un long parcours d'étude des langues en contexte éducatif à Maurice et à travers l'océan Indien. Dans un premier temps, en plaçant la réflexion didactique sous un éclairage sociolinguistique – la situation linguistique de l'île Maurice le requiert particulièrement, les sociolinguistes considérant ce territoire comme un vrai laboratoire du plurilinguisme – et, plus récemment, en y adjoignant une optique acquisitionnelle, peu usitée jusqu'ici dans ce contexte.

Il est animé par une conviction : que l'école est un outil central pour contribuer à instaurer une plus grande égalité des chances, notamment à travers les langues, dans cette société hiérarchisée et segmentée mais en même temps animée de puissants mouvements de restructuration, tant économique que sociale et éducative.

Après un récent volume consacré aux langues à l'école dans quatre pays de l'océan Indien, il présente aujourd'hui un ensemble d'études menées au sein du MIE sur les premières années de scolarisation au pré-primaire et au primaire, centrées sur le jeune enfant mauricien comme locuteur plurilingue en devenir, qui devient plurilingue à travers l'école.

On peut penser que l'école est un lieu clé pour comprendre les dynamiques linguistiques et les enjeux des langues : les générations s'y suivent et s'y modèlent en fonction des choix faits au fil des décennies par l'État et les institutions éducatives, en vue de livrer au pays des jeunes adultes capables de prendre leur part dans la vie économique et sociale et, si possible, de contribuer à la dynamique de la nation.

L'objectif central de ce livre est de renouveler l'étude des situations plurilingues caractérisant la société mauricienne, en adoptant un point de vue informé par la psycholinguistique, et focalisé sur les enfants et leur entrée dans un plurilinguisme organisé (de façon plus ou moins intentionnelle) par l'école. Il s'agit aussi de regarder de plus près ce qui constitue la spécificité de l'acquisition du français, langue lexicalement (et pas seulement) apparentée au créole mauricien, et ce en examinant le rôle clé que joue le créole L1 et langue commune de la société, pour l'entrée dans la L2, le français.

Le premier chapitre dresse un portrait sociolinguistique de la société mauricienne et de ses évolutions permettant de mieux comprendre les différents contextes dont relèvent les enfants scolarisés : fondé sur des enquêtes concernant les représentations des langues chez des adultes appartenant pour la plupart au milieu enseignant, mais dont les origines ethniques et sociales sont diverses, ce texte nous plonge immédiatement au cœur du problème : le créole est la langue commune, qui va sans dire et sert de ciment, mais les stratégies familiales de reproduction d'un monolinguisme créolophone vont de pair avec des projets de vie modestes et avec la pauvreté, tandis que les stratégies d'appui sur le français permettent à qui saisit la chance d'accéder à une trajectoire ascensionnelle.

Les chapitres suivants abordent les situations scolaires sous différents angles :

Les façons dont le système scolaire, notamment au primaire et au pré - primaire, configure des voies possibles d'entrée dans le plurilinguisme, sans cependant édicter un modèle ni une doctrine sur les rôles éducatifs des langues (Tirvassen) ; les enseignants ont alors un rôle délicat, celui de ménager eux-mêmes des parcours entre les langues, qui ne leur sont ni imposés ni même suggérés, pour permettre aux apprentissages de se faire, et leur formation en est d'autant plus cruciale.

L'entrée des jeunes enfants dans l'écrit, considérée sous deux angles différents : la familiarisation des enfants avec le livre et la littératie au pré - primaire (Auleear-Owodally), et les prérequis cognitifs pour maîtriser la langue écrite, leur émergence et leur expression entre les trois langues de l'école chez un enfant de 3e année de primaire (Rughoonundun). Le premier de ces deux chapitres, qui analyse des observations de terrain effectuées sur toute une année dans une école, soulève une question clé : comment des maîtres qui n'ont pas été éduqués à la littératie et ne peuvent pas être considérés comme lettrés peuvent-ils trouver les moyens de faire découvrir les pouvoirs du livre aux jeunes enfants qui leur sont confiés ? La seconde étude s'est attachée à faire émerger par des procédures expérimentales les représentations des concepts de base (lettre, chiffre, mot, phrase…) pour accéder à la langue écrite et aux activités métacognitives sur la langue écrite, chez une enfant de huit ans. Paradoxalement, c'est dans la langue la plus étrangère (l'anglais) que les concepts sont les plus stabilisés, et dans la L1 (créole) que règne le plus de confusion. L'analyse fine des valeurs sémantiques de chaque étiquette dans chaque langue et de l'opérationnalisation de ces concepts dans des tâches montre d'importants décalages référentiels, et un taux de clarté cognitive très inégal selon les langues. Or, l'école fait confiance, implicitement, au transfert des connaissances construites d'une langue aux autres, quel que soit leur statut respectif, et ce résultat vient poser une interrogation de taille, à laquelle le système éducatif devra bien répondre en proposant des démarches aux enseignants pour vaincre cet obstacle et faciliter les nécessaires transferts d'apprentissage.

Les deux études suivantes (Tirvassen) portent sur l'appropriation du français oral en contexte créole, et posent toutes les deux la question du rôle de la L1 dans la construction de la L2 : dans quelle mesure le fait que ces langues soient apparentées constitue-t-il une aide à l'acquisition, et si oui, pour quels aspects de la langue ? En fait, la réflexion de Tirvassen sur le transfert de la L1 dans l'appropriation d'une L2 vient de loin, et on peut s'expliquer cette dominante par les rapports entre L1 créole à base française et L2 français. Les deux études présentées se fondent sur l'analyse des productions orales en français de quelques enfants, permettant la comparaison entre des lectes individuels. Dès l'abord, on constate que la question préliminaire de méthode est incontournable : la difficulté à délimiter pour la transcription ce qui relèverait du créole ou du français fait partie du problème d'acquisition : il n'existe pas de frontières nettes entre les deux langues, mais plutôt des traits marqués comme appartenant à l'une ou l'autre langue, qui interviennent en fonction des variétés de français et des variétés de créole constituantes pace interlinguistique sans vraie frontière. La première étude examine comment les enfants bâtissent alors des moyens morphologiques pour marquer temps et aspect en français oral.

Les productions des enfants rappellent celles des apprenants adultes du français L2 aux phases initiales (pré-basiques et basiques), dans des énoncés recourant à des schèmes devenant distinctifs : V-Ø ~ V-[e] ~ (Aux)-V-[e] avec émergence tardive des accords de personne et nombre, qui voisinent avec des énoncés fondés sur le créole, où les schèmes V-Ø ~ V-[e] sont des alternances sans fonction temporo-aspectuelle. La seconde étude pose la question des voies acquisitionnelles concernant le lexique face à celles de la morphosyntaxe dans ce contexte de systèmes lexicaux en fort chevauchement. La question du lexique est abordée premièrement par le biais de la morphosyntaxe de la détermination, ce domaine grammatical semblant permettre une appropriation rapide avec appui sur le créole. Pour ce qui est du lexique en lui-même aussi, la masse des unités lexicales apparentées, partiellement ou totalement, facilite la constitution rapide d'un lexique de la L2, et « l'habillage morphologique » sert d'appui pour catégoriser les unités lexicales comme appartenant à la L1 ou à la L2 : le lexique ne s'acquiert pas indépendamment de la grammaire. Ces deux études prises ensemble permettent de préciser la nature du travail acquisitionnel dans ce contexte de langues très apparentées. D'autres situations linguistiques se prêteraient utilement à des réflexions de même nature, notamment les situations d'acquisition d'une nouvelle variété de la même langue chez des locuteurs d'une variété de langue minoritaire fortement dialectale marginalisée accédant à une variété normée (comme les jeunes locuteurs de français identitaire acadien très marqué et pénétré d'emprunts à l'anglais, qui doivent apprendre un français normé à visée académique).

Cet ensemble de travaux nous montre à quel point, si Maurice constitue un laboratoire sociolinguistique, elle constitue également un laboratoire acquisitionnel. Il soulève aussi de grandes questions pour l'éducation plurilingue qui, ayant été ainsi explicitement posées, peuvent maintenant faire l'objet de réflexions tournées vers les solutions didactiques nécessaires.

Colette Noyau

Paris, avril 2010 colette.noyau@free.fr
http://colette.noyau.free.fr

INTRODUCTION GÉNÉRALE

La recherche universitaire qui reprend souvent des préoccupations du corps social, même si celui-ci ne les exprime pas clairement, tente, depuis de nombreuses décennies, de fournir des éclairages sur la problématique des langues et de l'école des pays confrontés à la gestion efficace du plurilinguisme. Bialystok évoque par exemple les questions que lui posent des parents dans les sociétés d'Amérique du Nord. Préoccupés par les effets potentiellement pervers du bilinguisme auxquels sont confrontés leurs enfants qui naissent dans des couples mixtes, ces parents qui ont probablement vécu leur enfance dans un contexte plutôt monolingue et qui ont été scolarisés dans la langue de la famille (ou dans une variété proche) veulent avoir le point de vue du linguiste sur une situation qui leur paraît peu propice au développement normal de leurs enfants :

Parents often ask me for advice about exposing their children to two languages in the home. Typically, one of the parents speaks one language other than English and they are concerned that their linguistic decisions will have consequences for the child's development. [...] *The motivation for their questions is usually the same- will the child learn English and will the experience of learning two languages lead to either cognitive or linguistic confusions ?* (2001 : XI). (= Souvent des parents me demandent des conseils pour savoir s'ils peuvent exposer leurs enfants à deux langues à la maison. En général, un des parents parle une langue autre que l'anglais et ils sont préoccupés par les conséquences de leurs choix linguistiques sur le développement des enfants. [...] Le motif de leur question est toujours le même : est-ce que les enfants vont apprendre l'anglais et est-ce que l'apprentissage de deux langues peut entraîner des confusions linguistiques ou cognitives ?)

Face à ces questions, la réponse apportée par les linguistes est déterminée par le poids des orientations théoriques (parfois idéologiques) de leurs travaux. Contentons-nous de quelques repères rapides. Dans le sillage de la publication, en 1953, du rapport de l'UNESCO sur l'emploi des langues vernaculaires à l'école, il a beaucoup été question de la négation de l'identité et de l'environnement sociolinguistique des enfants ; les travaux sur l'aménagement linguistique ont ouvert la voie à l'étude des questions de politique linguistique ; à partir de la fin du XXe siècle, dans le prolongement des recherches des sciences cognitives sur le langage et l'éducation, on se centre davantage sur les processus psycholinguistiques qui marquent la scolarisation de l'enfant bilingue ; enfin, ceux qui optent, consciemment ou non, pour une approche anthropologique s'intéressent à la transition du milieu familial au contexte scolaire dont l'analyse la plus sévère est le choc culturel.

Les solutions proposées par les plus téméraires d'entre nous pour répondre aux soucis des praticiens doivent aussi être situées dans les choix théoriques des recherches conduites. Depuis longtemps, la réflexion a opposé ceux qui veulent construire une didactique de la L2 en ignorant totalement la L1 et ceux qui se demandent comment gérer la transition de la L1 à la langue cible. Limitons-nous à cette seconde option. L'analyse contrastive issue des travaux de Lado, du moins dans ses conséquences didactiques, se donne pour tâche d'identifier les zones de difficulté de l'apprenant, les interférences de la L1 avec la L2 ; un changement de paradigme conceptuel amène par exemple Perdue & Véronique qui ont mis en évidence « la » chronologie de la construction du système de la L2 (in Maurer : 2007), à proposer des repères pour une didactique de la L2 fondée sur l'hypothèse que les compétences dans cette langue se construisent dans le cadre de stratégies cognitives qui ne sont pas déconnectées du socle qu'offrent les connaissances développées en langue première.

Si l'on considère que le contexte sociolinguistique des enfants inclut non seulement la famille mais aussi l'école, la situation évoquée par Bialystok, perçue comme étant anormale par certains parents en Amérique du Nord et peut-être en Europe, constitue en fait la réalité quotidienne non seulement des enfants des pays du Sud où la colonisation a imposé une langue étrangère pour l'entrée dans les opérations cognitivement complexes qui marquent la scolarisation mais aussi des populations immigrées des pays du Nord. Pour des raisons qui relèvent de l'histoire, il sera quasi impossible d'imaginer que tous ces enfants de l'immigration (du moins ceux qui naissent dans la langue de leurs parents) et surtout les enfants de ces pays du Sud qui ont connu la colonisation puissent un jour être scolarisés dans leurs langues premières. Ils seront tous, à un moment ou à un autre de leur cursus scolaire et selon des modalités qui varient à partir de quelques grands scénarii décrits par les sciences du langage, projetés dans une deuxième langue. Celle-ci, on le sait, instrumentalise les opérations majeures de la vie scolaire et constitue un passage obligé vers l'acquisition des outils de la réussite aux examens et de l'insertion socioprofessionnelle. Si l'importance de cette deuxième langue ne peut être niée, l'école a, pendant très longtemps (jusqu'aux premières années de la deuxième moitié du XXe siècle), fait table rase de la réalité linguistique de l'enfant et a totalement ignoré les langues premières tant dans leurs fonctions identitaires que cognitives. L'accession des anciennes colonies à la souveraineté nationale a entraîné quelques changements. Toutefois, un examen approfondi (Tirvassen 2009) de l'histoire sociolinguistique de l'école du sud-ouest de l'océan Indien a montré que les dispositifs récents mis en place pour la prise en compte des L1, quand ils ne relèvent pas d'un projet idéologique peu compatible avec les exigences techniques de la structuration de connaissances en milieu scolaire, demeurent flous et donnent lieu à des « bricolages » dont le bilan n'est guère flatteur[1].

Idéalement, dans un contexte sociolinguistique comme Maurice où la grande majorité (plus de 75%) des enfants arrive à l'école avec une seule langue première, il serait souhaitable d'amorcer les apprentissages fondamentaux dans cette première langue. A défaut de ce dispositif, on aurait au moins pu souhaiter une irruption moins violente dans la L2 et une préparation plus souple de l'enfant à la structuration de connaissances dans la langue de l'école. Or, il est assez évident que ces précautions élémentaires ne sont pas prises. L'école ne semble pas prendre la mesure de la complexité de cette entrée soudaine dans la deuxième langue. On peut se demander si, en amont, la linguistique n'est pas aussi responsable d'une problématisation insuffisante de la transition de

[1] Tirvassen, *ibidem* et dans ce volume mais aussi Noyau (2004), pour nous limiter à quelques références.

la langue de la maison à celle de l'école : en tout cas, les recherches évoquées dans ce volume visent à rendre compte des différents processus qui caractérisent le mouvement vers une deuxième langue.

Cette publication s'attache à dépeindre la façon dont l'apprenant pénètre dans un nouvel univers langagier. Elle pose l'existence d'un sujet apprenant impliqué dans des tâches aussi diverses que la maîtrise de l'écrit et la construction des différents sous-systèmes de la langue. Par exemple, en s'intéressant à la formation de concepts techniques qui sont, selon Rughoonundun, fondamentaux pour maîtriser l'écrit, la chercheuse rend compte des modalités de l'entrée dans l'univers scriptural. Tirvassen veut quant à lui expliquer comment l'apprenant du français L2 structure les règles de la morphologie verbale avant d'offrir quelques repères sur l'acquisition du vocabulaire du français L2 en zone franco-créole.

A cette démarche descriptive s'ajoute une visée didactique puisque, mis à part les enquêtes conduites auprès des apprenants, des observations ont été menées sur les pistes que propose l'école pour réaliser le passage à la L2. Trois constats majeurs se dégagent de ces observations. D'abord, l'école sous-estime la complexité d'une tâche aussi significative que la lecture et ne réunit pas les conditions nécessaires à une approche efficace de cette activité : la démonstration qu'en donne Owadally-Auleear est nette. Ensuite, dans le meilleur des cas, l'école mauricienne se donne pour objectif de faire acquérir aux enfants des compétences communicationnelles mais, dans une démarche contestable, elle se borne à la transmission du système de la L2 en partant du principe que le cerveau est un réservoir vide qu'il s'agit de remplir. Enfin, cette école est incapable de comprendre le lien entre d'une part l'enseignement et l'apprentissage des langues et, d'autre part, les exigences linguistiques des disciplines où les opérations cognitives complexes sont structurées à partir du langage.

Un élément transversal à l'ensemble de ces études est la négation de la L1, celle dans laquelle l'enfant accède au monde, réalise son processus de socialisation et construit ses connaissances qui vont d'ailleurs constituer le socle de ses apprentissages scolaires, que l'école l'admette ou pas. Par exemple, la construction de la morphosyntaxe peut être mieux conceptualisée en zone franco-créole si l'on postule, à la suite de Véronique (2005), que l'apprenant est un explorateur d'espaces inter-linguistiques. Certes les travaux menés par Tirvassen tendent à montrer qu'il est nécessaire d'effectuer une distinction entre la construction du système morphosyntaxique et celle du vocabulaire ; toutefois, de manière plus générale, les observations empiriques dont rendent compte certaines enquêtes évoquées dans ce volume décrivent les modalités de ce refus d'assumer l'environnement linguistique de l'enfant. Par exemple, lorsqu'on négocie l'entrée dans l'écrit, l'école mauricienne opère dans une superposition aveugle des langues : l'enfant, affirme Rughoonundun-Chellapermal (2007), structure les concepts sous-jacents au développement de l'écriture dans chacune des langues de l'école séparément.

Toutes les observations dont rendent compte les travaux réunis dans ce volume plaident pour une problématisation du passage de la L1 à la L2 et, dans le cas mauricien, à la L3. Toutefois, peut-on avancer, la nature de cette articulation varie selon le sous-système de la langue concerné ou selon le type d'aptitude que l'on veut développer. Pour partie, certains auteurs (Castellotti in Maurer, 2007) ont déjà posé un certain nombre de balises sur la question en postulant que les stratégies d'apprentissage des langues étrangères se développent à partir des représentations que l'apprenant se fait de sa L1. En revanche, dès lors que l'on passe au développement des savoir-faire communicationnels, il semble qu'il y ait un déficit de réflexions théoriques auxquels peuvent contribuer les travaux empiriques conduits en zone plurilingue et notamment dans les pays du Sud.

Si l'on passe de la réflexion théorique à la mise en place d'actions concrètes, on peut affirmer que tous les acteurs impliqués dans la didactique de la L2 doivent assumer leur part de responsabilité en fonction de leur aire d'intervention : le chercheur doit décrire les modalités de ces entrées ; les didacticiens doivent fournir des pistes pédagogiques aux formateurs qui ne peuvent opérer dans une surdité totale aux bruits qui viennent du terrain (celui des pratiques pédagogiques des enseignants et des stratégies d'appropriation des savoirs et savoir-faire de L2 développées par les apprenants) afin que soient transmis aux enseignants les outils adéquats nécessaires aux opérations de formation. S'agissant de la formation des enseignants, la recherche menée par Auleear-Owodally (2005)[2] à partir d'une perspective socioculturelle montre que la pratique didactique des maîtresses porte les traces de leur histoire personnelle non seulement scolaire mais aussi extra-scolaire que la formation des enseignants ne peut occulter. Si le formateur d'enseignants doit intégrer cette donnée dans les stratégies mises en œuvre dans le cadre de ses opérations de formation, ce formateur ne doit pas ignorer l'histoire personnelle de l'apprenant et son fonctionnement socio-cognitif car ils vont déterminer les modalités de l'appropriation de cette deuxième langue. Il y a loin de la coupe aux lèvres, mais *tikou tikou touy loulou*[3] !

[2] Je voudrais remercier les auteurs qui ont contribué à ce volume, Michel Carayol et Daniel Véronique qui ont relu un de mes textes et, enfin, Michel Beniamino qui a effectué l'essentiel des tâches éditoriales.

[3] Proverbe créole qui signifie qu'à force de persévérer, on finit par accomplir des tâches insurmontables.

L'ENVIRONNEMENT SOCIOLINGUISTIQUE DES ENFANTS MAURICIENS

Rada Tirvassen
Mauritius Institute of Education & UMR 7114 CNRS

I. Introduction

Envisager l'école et l'entrée dans les langues de l'école dans une société où les rapports entre les locuteurs et les langues sont *directs*, *implicationnels* et *prescriptifs* (Robillard, 1993[4]), c'est poser l'existence d'un arrière-plan sociolinguistique qui constitue un « lieu » où se construisent des significations sociales dont le langage devient un des indicateurs. Bien évidemment, aucun système d'instruction publique ne peut ignorer cela.

A la suite de Blanchet (2004 & 2007) et Robillard (2005), on peut longuement épiloguer sur les frontières que l'on est amené à établir entre la réalité linguistique et les autres réalités sociales qui lui sont connexes ainsi que sur la qualité des outils dont dispose le linguiste pour appréhender ce phénomène (les significations sociales) mais on dépasserait le cadre de cette étude si on devait aborder ces questions, par ailleurs bien développées par les auteurs cités. Ce chapitre, en tout cas, veut rendre compte des dynamiques sociales que le linguiste est capable de saisir quand il approche son objet de recherche (les langues) à partir de l'outillage théorique qu'il maîtrise afin de comprendre l'impact de ces dynamiques sur l'école dans sa dimension (socio)linguistique.

---

[4] Nous reviendrons plus loin sur les constats qu'effectue Robillard et qui l'amènent à caractériser ainsi la communauté linguistique mauricienne. Signalons, dès à présent, notre lourde dette envers ce chercheur qui ouvre la voie à une approche novatrice des rapports entre langues et société.

II. Cadrage théorique

II.I. Les efforts de conceptualisation de la réalité sociolinguistique mauricienne

Les spécificités de la situation sociolinguistique mauricienne sont telles que Louis-Jean Calvet affirmait, dans une conférence donnée à Maurice, qu'on pourrait soutenir l'idée que cette communauté (aux frontières géographiques nettes) constitue un laboratoire de langues[5]. Depuis l'installation définitive des premiers habitants dans l'île, en moins de trois siècles, cette société a tout connu : naissance d'une langue, mort de langues, maintien en vie (notamment à l'école) de langues qui disparaissent de l'aire des échanges communicationnels, cohabitation de langues « standardisées » avec non seulement des langues non standardisées mais aussi avec d'autres langues standardisées « arrivées » dans l'île à diverses phases de son histoire, transformation des statuts et des fonctions des variétés de langues, etc. Le terrain mauricien appelle un effort de conceptualisation afin que les outils théoriques du chercheur puissent prendre en compte ces réalités. Parmi les travaux menés, ceux de Robillard (1993) présentent deux intérêts par rapport à cette recherche : pour partie, elle porte sur la question du langage en milieu familial et offre donc la possibilité de comprendre l'environnement linguistique de l'enfant ; dans le même temps, l'auteur jette les bases théoriques d'une appréhension du terrain mauricien en prenant en compte ses spécificités.

La recherche menée par Robillard vise à comprendre comment les locuteurs gèrent leur « écosystème linguistique » (1993 : 167). Un des axes majeurs de cette gestion concerne l'attraction éprouvée pour le français et le changement des pratiques langagières qu'elle entraîne. Si le point de départ de l'étude est la description de certaines des modalités de ce processus qui consiste à étendre le répertoire langagier pour accommoder une (variété de) langue nouvelle, ce sont les éclairages sur les mécanismes sociaux de cette mobilité linguistique qui ouvrent la voie à l'effort de

[5] Cette même idée a été exprimée par Robert Chaudenson (1989) quand il a affirmé que l'étude de la créolisation dans des contextes insulaires offrait de nombreux intérêts aux sciences du langage.

conceptualisation évoqué ci-dessus. Adoptant des perspectives théoriques qui pourraient d'ailleurs faire l'objet d'une réflexion épistémologique au sujet des rapports entre la sociolinguistique et ce que certains chercheurs appellent les sciences sociales partenaires (frontalières ?), Robillard ouvre des pistes de réflexion sur de multiples dimensions de cette communauté linguistique. Tour à tour, il convoque la sociologie, l'histoire, la psychologie sociale pour analyser ce terrain peu commun.

Comme nous l'avons souligné ci-dessus, ce sont les changements linguistiques ainsi que les résistances à la pression de la francophonie locale qui intéressent le chercheur. A l'origine de ces transformations, il y a la gestion d'une situation de contact de langues marquée par l'adoption d'une langue exogène prestigieuse pour la communication quotidienne qui devient, pour la génération suivante, une langue première, coexistant avec une autre langue pour des bilingues natifs. Trois précisions sont fournies sur la nature de cette mobilité linguistique. La première concerne la manière dont elle est traduite dans les faits. Parce que le phénomène de mobilité linguistique ne peut pas se manifester en l'espace d'une vie, il est réalisé dans un projet intergénérationnel : l'arrivée des enfants et les décisions majeures concernant leur réussite à l'école, perçue d'abord et avant tout dans son rôle de régulateur social, créent les conditions et peut-être même offrent les motivations nécessaires pour ce changement dans les habitudes langagières. La seconde concerne les traits linguistiques de cette transformation du répertoire des locuteurs. Robillard affirme que ceux-ci opèrent d'abord dans une variété monoregistrale de la langue adoptée avant que la génération suivante ne développe des variétés registrales adaptées à des enjeux situationnels. Ce phénomène est abordé, il est vrai dans une perspective en quelque sorte inverse, dans les enquêtes que Beniak & Mougeon (in Chaudenson & *al.*, 1993) mènent sur le français utilisé au Canada.

Dans une démarche visant à dégager les grandes tendances de l'évolution linguistique du français canadien hors Québec, ces linguistes notent que la disparition de la langue de l'aire des communications dites du domaine privé a pour conséquence une réduction de la variation stylistique. Ce phénomène d'élimination des choix registraux et la tendance à la variété monoregistrale sont interprétés comme une neutralisation des indices linguistiques de l'appartenance sociale : puisque la langue n'a plus de fonction vernaculaire/identitaire, il n'est plus nécessaire de disposer de ressources linguistiques pour exprimer ce genre d'appartenance. C'est d'ailleurs pour cela par exemple que, dans une vision extrême, on peut affirmer que pour certains locuteurs mauriciens, on n'insulte pas dans les langues de prestige qu'on apprend à l'école. Enfin le troisième et dernier élément concerne les résistances au phénomène de néo-francophonie puisqu'en s'appuyant sur les données empiriques recueillies dans ses études, Robillard en identifie les causes : le sentiment d'une absence de légitimité sociale et les implications identitaires dont l'attraction pour les langues qui renvoient aux identités ancestrales.

Dans un volet sociologique, Robillard analyse les rapports entre le langage et la catégorisation sociale. On sait que les deux fondements majeurs de la stratification sociale depuis la colonisation française (Baggioni & Robillard, 1990) sont le biologique et la fortune ; si ces deux attributs ne disparaissent pas, la communauté en ajoute un troisième et dispose d'un ensemble plus affiné de critères de hiérarchisation sociale. Alors que le français était plus ou moins co-extensif à la blanchitude (nous reprenons des termes utilisés par Robillard), en tout cas il était étroitement lié au mode de vie occidental puisque le français était aussi la langue des métis qui présentaient un phénotype et des pratiques culturelles proches des Blancs, il devient donc le symbole de la réussite sociale. Dans leur dimension diachronique, les transformations évoquées par l'auteur renvoient à une rupture avec les modalités de la gestion des emblèmes sociaux hérités de la colonisation. Le terme *post-colonial* prend ici tout son sens puisqu'il s'agit de l'émergence d'une architecture sociale remodelée à partir d'un matériau hérité, en grande partie, du colonialisme. Le phénomène linguistique constitue alors un indicateur des changements majeurs (dans une certaine continuité) de l'architecture sociale de la population. Sur un plan plus synchronique la mobilité linguistique « ascensionnelle » devient le symbole de la mobilité sociale, dynamisée par le succès économique de l'île et la reconfiguration de la qualification de la main-d'œuvre. Si l'on inscrit cette réalité dans sa dynamique historique, le français devient donc l'instrument par lequel se réalise le déblocage partiel d'un des verrous particulièrement solides de la stratification sociale jusque-là cramponnée, pour une large part, à l'ethnicité/l'appartenance raciale.

Dans un autre volet qui pourrait relever de la psychologie sociale et dans le sillage de l'intérêt que la sociolinguistique porte au phénomène de représentation, Robillard analyse la conscience sociolinguistique des locuteurs mauriciens. Ses enquêtes de terrain l'amènent à constater que cette mobilité linguistique n'aurait pas pu avoir lieu si la conscience des enjeux sociolinguistiques n'était pas aussi avancée et surtout s'il n'existait pas une pression entraînant les transformations de pratiques langagières dans un projet presque volontariste. Un auteur colombien dont nous n'avons pu saisir le nom quand nous écoutions, au volant, une émission de Radio France Internationale, disait qu'il refusait de changer de langue car cela équivaudrait à dire que le monde est meilleur dans la nouvelle langue adoptée. Pour une partie de la population mauricienne, le monde est meilleur en français. En tout cas, c'est à ce phénomène que l'on assiste à Maurice. Le préalable aux changements dans les pratiques langagières est la prise de conscience des valeurs attribuées aux langues. C'est, en effet, au plan des représentations linguistiques que les significations attribuées aux langues prennent leur source. Robillard en arrive à la conclusion que, parce que la conscience sociolinguistique des locuteurs est particulièrement éveillée, la gestion du phénomène linguistique est consciente et volontariste. L'auteur utilise alors le terme de « lucidité » pour rendre compte de la sensibilité des locuteurs aux valeurs instrumentales des langues et, accessoirement, pour évoquer leur attraction pour les langues de prestige : ce terme de « lucidité » fera l'objet d'une réflexion dans le bilan que l'on établira après les enquêtes de terrain que nous avons conduites.

Les données recueillies à partir d'une démarche qui vise à situer la réalité linguistique dans son contexte social complexe permettent à Robillard d'affiner sa conceptualisation de la notion de diglossie. A la suite de ses recherches de terrain, il en arrive à la conclusion qu'à la différence des contextes diglossiques marqués, en général, par des rapports plutôt complexes entre des (variétés de) langues et des situations de discours, ces rapports sont, dans le contexte mauricien, *directs*, *implicationnels* et *prescriptifs* (1993 : 175). En effet si, au niveau empirique, on est manifestement confronté à un terrain qui présente des spécificités, c'est au plan théorique que se situe l'essentiel de la contribution de Robillard puisqu'il associe un certain nombre de traits définitoires nouveaux à la diglossie mauricienne. La diglossie n'est pas une réalité macrosociolinguistique étrangère au comportement langagier : elle est en rapport étroit avec les choix linguistiques et les représentations des locuteurs et, surtout, elle déclenche des comportements sociolinguistiques.

Il est nécessaire de souligner que l'étude de Robillard vise essentiellement à comprendre la dynamique du français. Notre recherche tente d'appréhender ce qu'on peut désigner, sans doute de manière un peu maladroite, l'envers de ce décor : en effet, il nous paraît utile de comprendre ce qui se passe pour les parents (et les enfants) qui n'ont pas les ressources nécessaires afin de réaliser le parcours des néo-francophones. Dans notre cas, il s'agit de revisiter la notion de « mobilité linguistique » puisque la réalité qu'elle désigne co-existe avec ce que nous appellerons plus loin la « reproduction sociolinguistique »[6]. A côté de la réalité francophone finement décrite par Robillard, il existe une réalité créolophone plus importante au plan démolinguistique. Cette réalité créolophone est ignorée par l'école qui, parce qu'elle a pour fonction majeure d'instrumentaliser la mobilité sociolinguistique, est soumise à la pression de cette diglossie « prescriptive » évoquée par Robillard et ne peut prendre à son compte un aspect majeur de l'univers linguistique.

II.II. Mise en garde

Avant de livrer les données recueillies, une mise en garde s'impose. Il s'agit d'attirer l'attention du lecteur sur le sens du mot « langue »[7]. On peut raisonnablement penser que le lecteur qui lit cet ouvrage qui porte sur des problématiques concernant le langage

---

[6] Cette formulation n'est peut-être pas très heureuse. Il y a peut-être un terme à trouver pour montrer que, si la diglossie instaure un phénomène de mobilité linguistique, il y a une incapacité pour un nombre important de locuteurs à réaliser ce *language shift* auquel certains aspirent sans y parvenir, faute des ressources nécessaires à sa traduction dans les faits.

[7] Au moment où je terminais la rédaction de ce chapitre, j'ai pu prendre connaissance des travaux de chercheurs comme Blanchet (2004 & 2007), Calvet (2007), et Robillard (2005) qui contestent la notion de langue.

ne se pose aucune question sur le sens de ce mot puisqu'il s'agit, pour le commun des mortels, d'une réalité tangible, identifiable et aux contours nets. Cette certitude est renforcée par le fait qu'il s'agit ici de la réalité langagière de l'île Maurice, communauté linguistique qui présente certains traits que l'on retrouve dans la plupart des anciennes colonies où l'on est confronté à un contexte marqué par une superposition de deux ou de plusieurs langues.

Cette adhésion aveugle à la notion de langue se heurte à un premier bémol. Il existe, dans l'océan Indien, en particulier dans les études consacrées à la situation sociolinguistique de La Réunion, toute une littérature qui incite à interroger la lisibilité qu'offre ce terme pour approcher l'univers qu'il désigne. Ce questionnement est apparu, à la fin des années 70, par la remise en cause de la fiabilité du concept de diglossie pour rendre compte de la réalité langagière réunionnaise : si la diglossie renvoie, dans une première approche, à une situation macro-sociolinguistique marquée par un rapport (inévitablement) inégalitaire entre deux (ou plusieurs) langues, la mise en évidence de l'existence de variétés intermédiaires entre la variété basilectale du français et la variété acrolectale du créole réunionnais ont amené Chaudenson & Carayol à questionner la validité du concept de diglossie pour modéliser les pratiques langagières dans ce département français. Ils lui préfèrent la notion de *continuum*, du moins ils la trouvent plus commode pour conceptualiser les productions langagières en zone franco-créole. Pratiquement à la même période Prudent, qui veut offrir une vision plus dynamique des pratiques langagières dans des situations de contact de langues génétiquement proches, emploie le terme d'« interlecte » pour caractériser ces productions marquées par le libre recours aux ressources que présentent deux langues en contact.

Depuis l'émergence des notions de *continuum* et d'interlecte, la question à laquelle les linguistes ont été confrontés a été de savoir si la prise en compte de la dynamique des langues signifiait la mise à mort du concept de diglossie. Si l'on dépasse les débats pour se limiter aux synthèses réalisées par les chercheurs, deux points méritent d'être signalés. Bavoux (2003) affirme que lorsque l'on porte un regard sur la réalité macro-sociolinguistique (la gestion des ressources langagières dans les institutions par exemple) on est confronté à cet objet tangible que sont les langues ; quand l'observation porte sur la pratique langagière *in vivo*, il y a toutes les chances que l'on soit confronté à des échanges où les frontières demeurent floues. Pour Robillard (2002), ce sont les stratégies identitaires des locuteurs qui déterminent la manière dont on choisit ses ressources langagières : lorsque les locuteurs veulent marquer des frontières entre les langues en présence, notamment dans les communications officielles, ils opèrent à l'intérieur de ce cadre plutôt rigide posé par les linguistes formels et affiné par la sociolinguistique variationniste. Quand on ne se soucie pas des frontières, quand on veut employer l'ensemble des ressources disponibles en contexte bilingue, la notion de « langue » ne peut rendre compte des traits structurels et pragmatiques qui surgissent dans les échanges. Si ce début de conceptualisation des réalités langagières en zone franco-créole constitue une avancée certaine pour une théorisation affinée des pratiques langagières en situation de contact de langues, on peut penser qu'à la différence des traits définitoires clairs associés à « interlangue », terme d'ailleurs contesté en raison de ses présupposés idéologiques et auquel on substitue « lecte d'apprenant », il restait encore du chemin à parcourir avant que l'on arrive à une conceptualisation plus fine s'agissant de ce qu'on a appelé « interlecte ».

Le contexte mauricien est certes différent de celui de La Réunion mais l'usage que nous faisons du terme « langue » dans ce texte mérite quelques précisions compte tenu de la nature des données recueillies. Une partie de nos réflexions porte sur des lectes d'apprenants en train de construire le système de la L2. Si l'on se fonde sur la typologie des différentes variétés de langue qui marquent le passage vers la « variété » avancée de la L2, on peut se rendre compte à quel point il est malaisé de pouvoir désigner les productions des témoins par le terme de « langue ». En effet, les premiers « énoncés » produits ne sont pas structurés selon les règles grammaticales de la langue cible mais selon des principes pragmatiques alors que les premiers énoncés structurés selon les règles de la deuxième langue relèvent d'une variété basique où l'on trouve des traces à la fois de la L2 et de la L1.

Par ailleurs, dans les enquêtes de terrain où l'on soumet les locuteurs à un questionnement qui implique une opération métalinguistique préalable (découper son univers langagier en objets construits par des spécialistes à partir de travaux conduits en laboratoire), l'objet dénommé « langue » par les différents témoins ne correspond pas à la catégorisation établie par le linguiste. Il y a deux locuteurs monolingues créolophones interviewés dans nos enquêtes dont les repères au sujet des langues sont surtout constitués à partir de leurs compétences en créole. Ils ont des compétences limitées en anglais et en français et ont connu des expériences (souvent difficiles) avec les langues européennes à l'école ; on peut alors interroger les frontières qu'ils établissent entre les langues. De manière plus générale, de nombreux Mauriciens qui ont été très peu scolarisés affirment qu'on va à l'école *pou aprann angle-franse* (= pour apprendre l'anglais et le français ; l'anglais et le français étant perçus comme une entité aux composantes indissociables). En fait, en exagérant nos propos, on peut penser que les langues européennes sont une sorte de réalité par défaut pour ces témoins même si, selon toute probabilité, certains d'entre eux doivent être capables de distinguer, au plan phonique, les deux langues. Il y a ensuite ceux qui manient les langues mais qui opèrent dans une conception monoregistrale des langues européennes : on peut paraphraser les propos d'un témoin et affirmer qu'« on parle français pour éviter le créole vulgaire ».

Cette affirmation confirme l'hypothèse selon laquelle le Mauricien opère souvent à partir d'une matrice linguistique constituée des compétences dans différentes langues : passer d'une communication grossière à une communication plus « soignée » s'effectue par le changement de « langue ». Pour le linguiste, il s'agit là d'une gestion registrale mais qui ne se limite pas aux ressources proposées par une seule langue. Par ailleurs, ce constat confirme l'observation de Robillard qui affirme que la langue française opère pour les locuteurs néo-francophones dans une seule variété registrale.

Ce sont toutefois les réflexions engagées par des chercheurs comme Blanchet (2004, 2007), Calvet (2007) et Robillard (2005) qui sont les plus éclairantes pour la question que l'on aborde ici. Dans cette autre ethno-sociolinguistique que ces auteurs veulent construire, le terme de langue est une « notion pré-scientifique, empruntée aux usages ordinaires « vaguement parée d'un habillage technolectal » et ne peut modéliser les pratiques langagières qui, selon Robillard relèvent d'une « grammaire » (ou d'un phénomène) complexe, hétérogène, en tout cas qui n'est pas réductible au système conçu et défini par le chercheur en laboratoire. Même s'il faut tout de suite ajouter que non seulement la langue existe dans les représentations collectives (mais là on enfonce une porte ouverte) mais aussi, et peut-être surtout, elle est indispensable aux enjeux entourant la mise en place ou la refonte de l'architecture sociale mauricienne et des sociétés en général.

On le voit, le terme de « langue » renvoie à un large spectre de significations : dans cet ouvrage, quand on évoque des questions macro-sociolinguistiques, il renvoie à des objets structurés (par les linguistes), décrits par la linguistique structuraliste. Quand on l'applique à des productions langagières d'apprenants, il désigne des lectes où coexistent des structures qui relèvent de la L1 et de la LC ; enfin, dans les enquêtes de terrain, il évoque la manière dont les locuteurs définissent cet objet selon leurs compétences et leurs expériences. Ces quelques différences dans le sens que l'on attribue à la notion de langue ne font que confirmer la nécessité d'études de terrain visant à approcher les productions langagières dans cette zone de contact à partir d'outils conceptuels adéquats. Cet effort de conceptualisation est un préalable indispensable à la modélisation des données recueillies sur le terrain.

III. Repères sur le terrain sociolinguistique mauricien

III.I. Un regard global

Cette recherche a été réalisée dans un pays du Sud où la situation linguistique est particulièrement complexe : on associe une douzaine de langues à la communauté mauricienne qui compte 1,3 million de locuteurs. On sait toutefois que ce plurilinguisme s'organise autour de rapports entre des catégories de langues (langues européennes/langues populaires/langues asiatiques (standardisées) et des secteurs de communication (communications dans les institutions officielles/communication quotidienne/langues des cérémonies rituelles dans les lieux de culte, etc.). Opérons une première distinction entre les langues qui n'ont que des fonctions symboliques (les langues dites « asiatiques » : le gujrathi, le hakka, l'hindi, le mandarin, le marathi, le tamoul, le télégu, l'urdu et l'arabe) et celles qui sont employées dans des échanges entre les locuteurs (le créole, le bhojpuri, l'anglais et le français). Si l'on continue à affiner la typologie en nous limitant aux langues employées dans les échanges communicationnels, on peut signaler que l'anglais est employé uniquement dans les communications écrites officielles alors que des trois autres langues utilisées dans la communication courante, le créole et le bhojpuri se limitent surtout à l'oral à la différence du français qui est présent à la fois à l'oral et à l'écrit. Trois langues sont donc potentiellement associées aux échanges en milieu familial : le créole, le bhojpuri et le français. La présence ou l'absence de ces trois langues utilisées dans des communications vernaculaires dans les familles s'expliquent par des facteurs sociologiques. Le bhojpuri, langue populaire employée dans l'état du Bihar, a été une langue de communication de l'ensemble des immigrants qui venaient de cet État (ils étaient de loin les plus nombreux) pour être ensuite associé à la ruralité par rapport au créole, ce qui le prédestine à une disparition dont on voit les premiers signes. Il reste très peu de locuteurs de cette langue parmi les jeunes enfants même si de nombreux Indo-mauriciens ayant réussi socialement sont attachés à ce qu'ils considèrent comme un des symboles de leur identité ethnique. Comme les échanges en dehors de la famille ne peuvent se réaliser dans cette langue, les bhojpurophones sont tous des créolophones. Le créole est la langue de socialisation de la grande majorité des Mauriciens jusqu'à la fin des années 70 quand survient le phénomène néo-francophone dont les mécanismes ont été analysés par Robillard (1993). Enfin, le français, traditionnellement la langue des Blancs et des gens de couleur, est aujourd'hui la langue de la réussite sociale.

III.II. Les données démo-linguistiques

L'État mauricien conduit, tous les dix ans, des recensements nationaux dont certains aspects traitent de la question du langage. Les orientations politiques données à cette opération et analysées par les sociolinguistes depuis la fin des années 70, l'absence d'une prise en compte de la complexité mauricienne (l'essentiel des réponses sur les pratiques langagières sont fondées sur le postulat que les familles sont essentiellement monolingues ou que le bilinguisme se résume au contact entre le créole et le bhojpuri) et surtout la manière dont les personnes interrogées interprètent les questions dans un contexte de conflits sociolinguistiques font que les chiffres avancés sont très peu fiables. En l'absence de sources alternatives, on se contentera de les reprendre non sans réitérer la prudence qu'impose leur interprétation.

S'agissant des langues régulièrement employées dans les échanges en milieu familial, le recensement de 1983 avance le chiffre de 28,9% pour le créole et de 18,7% pour le bhojpuri (Robillard, 1991 : 134). On peut penser qu'il s'agit là, notamment pour le créole dont la présence en milieu familial devrait être bien plus élevée (Robillard l'estime à 55-65% comme L1 et à 35-45% comme L2) d'un chiffre qui renvoie au pourcentage de chefs de famille qui étaient, à cette époque-là, disposés à assumer cette langue comme L1. Dans le recensement de 1990, le taux de revendication du créole comme langue première était de 60,4% et celui du bhojpuri de 19,7%. Ainsi que nous l'avons souligné, cette langue est en déperdition, phénomène que l'on ne peut deviner si l'on accorde une valeur absolue aux chiffres. Si maintenant l'on prend les chiffres fournis par le recensement de 2000, on peut dire que les langues assumées comme langues de communication courante sont majoritairement le créole et le bhojpuri (69,24% et 12,46% respectivement). Entre 1983 et 2000, le taux de revendication du créole comme L1 a plus que doublé. Entre 1990 et 2000, le pourcentage de la population affirmant utiliser le bhojpuri comme langue première a, lui, connu une baisse dont a sans doute profité le créole. Ces chiffres sont intéressants : ils confirment la nette progression du créole en tant que langue assumée, la place du bhojpuri comme deuxième langue importante en milieu familial et, de manière plus générale, l'importance de ces deux langues dans les communications courantes à Maurice. Par ailleurs, le français est assumé comme L1 par seulement 3,48% des répondants. Le linguiste peut se demander si cette langue ne souffre pas d'un déficit de légitimité même si elle est exhibée comme le symbole de la réussite sociale ou alors s'il faut attendre le prochain recensement pour avoir une idée plus précise sur les sentiments linguistiques des Mauriciens par rapport à la francophonie. A ce moment-là, les enfants qui auront grandi comme des bilingues natifs créole-français seront les répondants de ces enquêtes.

De manière générale, on semble évoluer vers une fiabilité plus grande des réponses : est-ce une indication d'une évolution sociolinguistique majeure pour une communauté dont l'écart entre les pratiques et les représentations était élevé ? En tout cas, ces chiffres permettent d'arriver à trois constats majeurs : le créole est indispensable aux communications courantes non prestigieuses et constitue la langue de socialisation et de conceptualisation du monde pour une grande majorité d'enfants ; le bhojpuri est en décroissance et on sait que les enfants ne l'emploient pas comme L1 ; il existe une augmentation du pourcentage de familles utilisant le français dans un bilinguisme créole-français caractérisé par la forte présence de l'une des deux composantes au détriment de l'autre même si les chiffres ne le confirment pas (Robillard, 1991 & Tirvassen, 1993).

En nous fondant sur ces données, on peut penser que l'école mauricienne accueille des enfants ayant trois profils sociolinguistiques :

1° une majorité d'enfants créolophones monolingues ;

2° une minorité d'enfants qui sont bilingues créole-français ;

3° une minorité d'enfants qui sont des bilingues créole-bhojpuri, le créole étant toujours une langue totalement maîtrisée (comme dans le cas du bilinguisme créole-français), ce qui peut ne pas être le cas du bhojpuri.

Ces informations demeurent toutefois insuffisantes si l'on veut s'en inspirer pour fonder une politique linguistique dans l'instruction publique.

III.III. Le premier volet de nos observations : les enquêtes menées auprès des parents

Des enquêtes ont été menées en 2008 auprès de quelques parents et avaient pour but de recueillir des informations sur les pratiques langagières en milieu familial et sur les représentations sociolinguistiques des témoins. Elles voulaient aussi identifier les facteurs déterminant la répartition fonctionnelle des langues en contact s'agissant, en particulier, du bilinguisme créole-français puisque la répartition entre le créole et le bhojpuri est maintenant assez connue. Parce qu'une première série d'enquêtes ne nous a fourni aucun renseignement sur la répartition entre le créole et le français, nous en avons conduit une seconde qui s'est révélée tout aussi infructueuse que la première. Lors de la première série d'enquêtes, 5 témoins avaient été interrogés : 3 enseignants de français et deux femmes de ménage. La deuxième série d'enquêtes a été réalisée auprès de 6 témoins, tous enseignants de français et de sexe féminin mis à part un élément masculin. Nous nous sommes limité aux deux moments de la vie de ces parents où l'on peut penser que la langue qui sera utilisée au sein de la famille peut faire l'objet d'un choix conscient : après avoir demandé aux témoins de rendre compte de leur utilisation des langues pendant leur enfance, nous avons surtout axé nos enquêtes sur la langue (ou les langues) de la rencontre du conjoint et celle(s) choisie(s) pour communiquer avec les enfants. Ces deux stades de la vie d'un locuteur sont susceptibles d'être caractérisés, dans un contexte de mobilité linguistique, par des choix linguistiques majeurs dans la construction identitaire ou, le cas échéant, par une réflexion sur la nécessité ou non de modifier son répertoire langagier. Les données recueillies ont été mises en relation avec d'autres enquêtes réalisées sur d'autres aspects des pratiques langagières en milieu familial à Maurice (Robillard, 1993 ; Tirvasen, 1993, 2007 ; Tirvassen & Sonck, 2003).

Les indices sur l'histoire sociolinguistique des familles

Liste des témoins :

Témoins de notre première série d'enquêtes :

T1 : homme, trentaine d'années, enseignant de français, collège[8] privé ; T2 : femme, quarantaine d'années, enseignante de français, collège privé ; T3 : femme, trentaine d'années, enseignante de français, collège privé ;

T4 : femme, trentaine d'années, femme de ménage ; T5 : femme, trentaine d'années, femme de ménage.

Témoins de notre deuxième série d'enquêtes :

T1 : homme, trentaine d'années, enseignant de français, collège privé ;

T2 : enseignante de français, quarantaine d'années, collège privé ;

T3 : enseignante de français, trentaine d'années, collège privé ;

T4 : enseignante de français, trentaine d'années, collège privé ;

T5 : enseignante de français, trentaine d'années, collège privé ;

[8] Terme qui désigne tout autant le collège que le lycée en français régional mauricien.

T6 : enseignante de français, trentaine d'années, collège privé.

Tous les témoins de la seconde enquête qui sont aujourd'hui enseignants de français, sont issus de la classe ouvrière sauf T4 dont le père est fonctionnaire. Ils ont tous vécu dans un milieu entièrement créolophone sauf T2 qui habite sous le même toit que ses beaux-parents, des bhojpurophones, et T1 dont le frère aîné, enseignant, a tenté de converser en français avec lui, sans doute dans une stratégie de soutien à la réussite scolaire du jeune frère. Par ailleurs, parmi nos témoins, il y avait une jeune femme qui était née et avait grandi à Rodrigues mais qui se trouvait à Maurice dans le cadre de la préparation d'un diplôme professionnel.

Entre l'environnement langagier qui caractérise l'enfance des témoins interrogés et celui de leurs enfants, il y des changements majeurs : des six témoins de la deuxième enquête, quatre offrent un environnement francophone à leurs enfants alors que les deux autres, dont la jeune Rodriguaise, affirment utiliser les deux langues, le créole et le français. Dans la première série d'enquêtes, les trois enseignants pratiquent un bilinguisme créole-français. Seuls les deux témoins de la classe ouvrière sont des monolingues créolophones. Ces observations ainsi que celles réalisées sur la mobilité linguistique inter-générationnelle renvoient à un des traits majeurs de la dynamique des langues à Maurice. Après la disparition des langues ethniques sous la pression du créole, langue de socialisation dans toutes les professions exercées par la classe ouvrière et en milieu scolaire dans les échanges entre les enfants, c'est au tour de cette langue de subir la pression du français. Toutefois, les modalités de l'expansion du créole sont différentes de celle du français : c'est ce que révèlent les enquêtes de terrain.

Des enquêtes ont été conduites en 2007 (Tirvassen, 2007). Elles montrent que c'est la nécessité de passer des réseaux de communication fermés d'une communauté agricole rurale à des réseaux plus ouverts d'une communauté linguistique en voie « d'urbanisation »[9] et d'industrialisation qui est à l'origine du

[9] Le village où habite ce témoin (dont les propos sont analysés plus loin) n'a pas accédé au statut de ville. Il présente toutefois certains traits que l'on associe à l'urbanisation : accroissement des échanges commerciaux, émergence de réseaux de communication plus éclatés, etc. Si on voulait pousser plus loin la réflexion, on pourrait signaler les limites de l'opposition ville/village affinée par les spécialistes de la géographie sociale.

passage de langues ethniques comme le bhojpuri au créole. En fait, le témoin interrogé en 2007 et qui raconte son passage du bhojpuri au créole se donne les moyens qui lui permettent d'assurer son insertion socioprofessionnelle dans ce second type de réseau. Le bhojpuri, la langue de la ruralité, fonctionne dans un cadre social marqué par l'homogénéité ethnique et générationnelle de ses locuteurs : c'est la langue d'interaction avec les proches du témoin (les membres de sa famille, les employés qui travaillent dans son champ de cannes et ses amis) ; par ailleurs, c'est la langue qu'il emploie avec tous les Hindous qui font partie de son voisinage et qui sont de la même génération que lui. Quand le témoin opère dans un réseau communicationnel plus éclaté, il emploie le créole. Il raconte que ce sont les activités commerciales dans lesquelles il s'engage pendant son enfance qui sont à l'origine de son usage du créole. Il décrit d'ailleurs assez bien ses premiers échanges en créole :

Mo finn kumanse avek bann nasion enn kas enn pake 3 sou enn pake moi mo dir li dan indien enn kas bann la reponn moi dan kreol (= j'ai commencé avec les nations[10] un paquet de brèdes coûtait 2 sou 3 sous un paquet moi je disais 2 sous en indien… eux me répondaient en créole…).

Revenons à la présence du bhojpuri dans l'environnement de T2, enseignante de français et qui pratique le français loin du regard de ses beaux-parents. Il est important de souligner que l'usage du bhojpuri est à peine assumé par le témoin contrairement à celui de l'urdu qu'un témoin de la première série d'enquêtes associe à sa famille : c'était, affirme-t-il, la langue usuelle de son grand-père. Deux raisons peuvent être évoquées pour expliquer ce constat. D'abord, le bhojpuri est une langue populaire associée à la ruralité ; les témoins qui se retrouvent dans une autre dynamique sociale (réseaux urbains et mobilité sociale) le délaissent pour le créole. Ensuite, le témoin est musulman ; ceux-ci revendiquent un lien ancestral avec l'urdu ou l'arabe pour se démarquer des Indo-mauriciens alors que leurs ancêtres viennent, pour la plupart, de l'État indien du Bihar et ont été des locuteurs du bhojpuri. Cette langue souffre d'un double déficit : au plan statutaire, elle est en infériorité par rapport au créole ; au plan identitaire, une partie de

---

[10] Ce terme désigne les Mauriciens dont l'ascendance africaine est prononcée.

la population qui aurait pu la revendiquer comme symbole d'un passé ancestral a changé de loyauté linguistique. Si l'on tente quelque rapprochement entre les constats réalisés par Robillard au sujet des résistances aux changements des pratiques langagières et au recours aux stratégies intergénérationnelles pour marquer l'adoption du français comme langue identitaire (nous reprendrons ce point dans les pages qui suivent), on peut avancer que les mutations dans les valeurs emblématiques associées aux langues sont bien plus fluides que celles concernant les pratiques. Il est donc raisonable de penser que deux enjeux structurent les rapports entre les familles et les langues : le choix de la langue de communication au sein de la famille ; le choix de la langue qui, le mieux, est associée aux revendications identitaires des locuteurs dans un contexte où les valeurs emblématiques connaissent des mutations significatives. On verra plus loin comment la communauté mauricienne réconcilie ces deux réalités sociolinguistiques.

Une mise en rapport de ces données avec les mutations socio-économiques et culturelles qu'a connues Maurice dans le sillage de son accession à la souveraineté nationale permet de comprendre les conditions sociales de l'expansion du créole. Pour donner quelques exemples de celles-ci, on peut évoquer l'élimination partielle du secteur agricole et sa mécanisation, l'émergence d'une zone franche à forte concentration de main-d'œuvre et, de manière plus générale, des secteurs secondaire et tertiaire, l'amélioration des réseaux routiers et l'intensification des échanges entre la ville et la campagne au point que la distinction entre ruralité et zone urbaine doit être problématisée, etc. Le créole s'est imposé presque de manière inconsciente à la population usant des langues ethniques en milieu familial par un processus maintenant connu : acquisition de cette langue dans les zones de socialisation hors de la famille (milieu professionnel, école, etc.) et passage progressif en milieu familial.

Les modalités de l'expansion du français sont totalement différentes de celles du créole. Les éléments moteurs de la dynamique de la langue française sont la sensibilité à la valeur instrumentale de la langue qui s'ajoute à une attraction que l'on éprouve pour elle. On peut longuement épiloguer sur la pertinence d'une distinction entre les valeurs instrumentales d'une langue et les sentiments d'attraction qu'on éprouve à son égard. De nombreux témoins soutiennent que le français est la langue de la respectabilité sociale ; un témoin affirme que le regard de l'autre sur soi change quand on s'exprime en français ; ce même témoin regrette le passage d'une école maternelle francophone à une école primaire où le créole est la langue dominante des interactions entre les enfants. Ces observations montrent qu'il est difficile d'établir une ligne de démarcation entre l'attraction ressentie par rapport à une langue et la sensibilité à l'égard de la valeur instrumentale de celle-ci. En tout cas, à la différence du créole qui s'impose inconsciemment et presque involontairement, les locuteurs sont à la recherche du français, bravant, pour certains, les obstacles qui se dressent devant eux : un témoin affirme que c'est uniquement quand elle est seule avec ses enfants qu'elle peut l'employer, les beaux-parents pouvant la taxer de prétentieuse s'ils la surprenaient en train d'user de cette langue ; un autre doit assumer seul le « fardeau francophone », le conjoint refusant de changer de pratiques langagières.

Si la collecte des données sur ce qu'on peut appeler la dynamique francophone est satisfaisante, nous sommes restés sur notre faim s'agissant de la répartition entre le créole et le français. Pourtant, on sait que les locuteurs ont une conscience sociolinguistique avancée. A cet égard, il est intéressant de constater à quel point cette conscience est développée chez des parents issus de la famille ouvrière et qui ont été interrogés lors de la première série d'enquêtes. Les deux témoins de la classe ouvrière qui n'ont bénéficié que d'un enseignement primaire affirment, par exemple, que la langue de la réussite scolaire et de la réussite « économique » à Maurice est l'anglais alors que la langue de la réussite sociale est le français. Toutefois, on peut penser que l'écran de fumée que constitue le prestige associé aux langues amène certains parents, pourtant enseignants, à affirmer que le français est la langue de la réussite scolaire dans un pays où la langue d'enseignement est l'anglais. De manière encore plus générale, de nombreux parents pensent que l'usage du français offre un avantage à leurs enfants en vue de leur scolarisation.

Ce sont les raisons pour lesquelles on devrait être prudent lorsqu'on applique le terme de lucidité pour renvoyer au rapport complexe que le corps social mauricien entretient avec des réalités langagières. Les travaux sociolinguistiques réalisés à Maurice signalent certes la conscience élevée des locuteurs mauriciens au sujet des enjeux de la société et ceux qui concernent les langues. Il nous semble toutefois nécessaire de faire une distinction entre la conscience linguistique et la lucidité. Le *Larousse* définit le terme lucide par « qui est en pleine possession de ses facultés » ; cette définition appelle une interrogation sur la capacité des locuteurs à ne pas subir les valeurs subjectives ambiantes associées aux langues. Au-delà de ces précisions terminologiques se pose aussi la question de savoir à quel point l'enfant n'est pas amené à traduire dans les faits les représentations biaisées des parents. Un des témoins interrogés nous disait qu'il souhaitait que son enfant puisse un jour enseigner cette belle langue qu'est le français !

De la dynamique francophone à la 'reproduction sociolinguistique'

A côté de la dynamique néo-francophone évoquée ci-dessus existe une autre réalité, celle des locuteurs qui opèrent, d'une génération à l'autre, dans un même répertoire créole. Les observations conduites visent à fournir quelques repères sur la manière dont certains locuteurs vivent cette réalité.

Les enquêtes de terrain révèlent deux types de positionnement par rapport au créole. Tirvassen & Sonck (2003) signalent le sentiment de résignation d'un témoin créolophone par rapport à sa créolophonie. Il assume totalement celle-ci en allant jusqu'à nier sa capacité à lire des journaux et à suivre les bulletins d'information en français alors qu'il le fait quotidiennement. En effet, interrogé sur sa compétence en français, il affirme : *la bizin dir pa kone mem* (= là, je dois dire que je n'ai aucune compétence). En revanche, certains témoins refusent d'assumer le créole, certains de manière implicite, d'autres de façon explicite. Un des témoins interrogés dans l'enquête conduite en 2007 qui a fait des études universitaires affirme qu'il parlera français et hindi avec ses enfants alors qu'il est bilingue natif créole-bhojpuri. Un autre témoin (Tirvassen & Sonck, 2003) pourtant impliqué dans des réseaux sociolinguistiques où le créole est dominant affirme que ses trois langues de communication courante sont l'anglais (une langue qui n'a jamais été vernacularisée à Maurice), le français et l'hindi. Certes, ces données prennent leur sens par rapport au contexte discursif puisqu'il s'agit, pour les témoins, de se définir une identité par rapport à un enquêteur sans doute perçu comme un locuteur de l'anglais et du français, mais on ne peut nier ce refus d'assumer le créole. Des enquêtes réalisées en 2008 confirment cette ambivalence par rapport au créole. Un des deux témoins qui revendique sa créolophonie totale souhaiterait même que ses enfants soient scolarisés en créole parce que c'est une langue « facile ». Le deuxième témoin ayant le même profil prétend employer le français de temps en temps avec ses enfants.

Les revendications linguistiques des témoins sont étroitement associées aux ambitions sociales qu'ils se fixent. Les enfants du premier témoin (celui qui éprouve un sentiment de résignation) auprès duquel l'enquête a été réalisée en 2003 n'ont pas particulièrement bien réussi à l'école alors que ceux du second (celui qui refuse d'assumer le créole) terminaient leurs études secondaires et se préparaient à accéder à l'enseignement supérieur. S'agissant des enquêtes réalisées en 2008, le témoin qui assume sa créolophonie prévoit des emplois ouvriers pour ses enfants alors que celui qui revendique une pratique du français souhaite que son enfant soit médecin. Les locuteurs monolingues créolophones qui s'inscrivent dans un projet sociolinguistique créolophone, profilent leurs enfants à des postes d'ouvriers non qualifiés alors que ceux qui s'inscrivent dans la mobilité sociale revendiquent une francophonie qui ne correspond pas à leurs pratiques usuelles. La créolophonie est associée à une trajectoire socio-économique horizontale alors que plus on assume une francophonie non pratiquée, plus on marque sa volonté de réussir socialement, ce qui peut aussi constituer un indice de malaise social dans une communauté insulaire marquée par une promiscuité prononcée. Ce constat n'est pas nouveau : il confirme les rapports entre les profils linguistiques, les pratiques déclarées et les ambitions intergénérationnelles nourries par les parents. Plus généralement, ces données renvoient à une société dont le compartimentage socio-économique est renforcé par les pratiques et les attentes langagières des parents par rapport à leurs enfants.

Abordant les fonctions assumées à Maurice par la langue française dans son rapport avec la hiérarchisation sociale, Robillard soutient que cette langue n'est pas un simple indicateur des tendances lourdes de la société mais un instrument qui a participé à décloisonner une hiérarchie sociale héritée de la colonisation française et qui était fondée sur l'appartenance raciale/ethnique. Toutefois, dans une communauté linguistique où la diffusion de cette langue n'est réalisée de manière structurée que par l'école, on peut penser que ceux qui en bénéficient ne sont que les heureux rescapés d'un système éducatif fortement sélectif. Les statistiques indiquent que seuls 15% des enfants admis en première année du primaire obtiennent leur baccalauréat. Le français ne résout pas l'ensemble des problèmes de la stratification sociale et entraîne d'autres formes de marginalisation dont les conséquences sur l'harmonie de cette communauté sont à craindre. Si des parents créolophones peuvent aussi prendre conscience des ouvertures que présente le français, s'ils peuvent légitimement aspirer à un changement dans les pratiques linguistiques, si certains doivent cacher leur incapacité à le faire parce qu'ils n'ont pas les ressources pour réaliser leurs désirs, on peut alors penser que pour certains parents, l'absence d'une transformation de leur répertoire langagier indique qu'ils ne peuvent accéder au monde auquel ils aspirent ou, du moins, pour reprendre les propos de cet auteur colombien que nous évoquions, qu'ils ne peuvent pas avoir accès à la langue dans laquelle le monde est meilleur.

La diglossie constitue un élément déterminant de la structuration de l'univers linguistique. Sa force ne réside pas dans sa seule capacité à transformer les pratiques langagières mais aussi à déterminer les sentiments de frustration que peuvent ressentir certains locuteurs qui n'ont pas les moyens d'accéder à la langue dans laquelle le monde est meilleur.

Les langues identitaires

Si la diglossie structure les significations que les témoins attribuent au bilinguisme créole-français, un élément qui échappe à ce cadre et ne peut être conceptualisé à partir de la notion de diglossie est la relation établie avec les langues qui expriment l'identité ethnique. Pour rappel, la dimension identitaire des langues est un aspect incontournable de la réalité sociolinguistique mauricienne : dans la typologie des langues associée à la communauté linguistique mauricienne, tous les linguistes établissent une distinction entre les langues employées dans la communication courante et celles qui n'ont que des fonctions identitaires.

Par ailleurs, dans une réflexion sur les paramètres déterminant la dynamique des langues, Robillard affirme que la dimension identitaire constitue un frein à l'attraction pour la francophonie. Il s'agit ici de réexaminer ce point à la lumière de nos enquêtes et, de manière plus générale, d'évaluer le rôle que jouent les langues identitaires dans l'environnement linguistique des enfants.

Pour prendre le pouls de la question identitaire, on peut s'appuyer sur deux séries de réflexions de nature anthropologique. La première est celle d'anthropologues qui ont tenté de conceptualiser les rapports entre la diversité et l'unité qu'imposent les institutions et plus généralement l'économie. Furnivall (in Arno & Orian, 1986 : 158) pose l'existence d'un type particulier de société où les groupes ethniques se côtoient sans fusionner, sans même qu'il existe, entre eux, un consensus. Poursuivant cette réflexion, Hoetink (*ibidem*) affirme que de telles sociétés sont marquées par deux types de pratiques : celles qui sont internes au groupe (les pratiques religieuses, l'apprentissage des langues qui garantissent la cohésion des groupes, etc.) et les contacts entre les groupes qui s'effectuent à leurs frontières et seraient dynamisés par ce qu'il appelle la stratégie « intersegmentaire ». Si l'appropriation et l'usage du créole et du français relèvent des stratégies intersegmentaires, les langues identitaires sont à mettre sur le compte des stratégies intrasegmentaires.

Ce sont les analyses plus récentes que l'anthropologue américain Eisenlohr (2004) mène sur ces langues identitaires qui nous fournissent les éléments essentiels pour l'étude que nous menons. Observant des productions langagières de quelques locuteurs hindous dans une assemblée réunie pour une cérémonie de prière, Eisenlohr conclut que le bhojpuri et l'hindi permettent de structurer les Indo-mauriciens à partir d'un « matériau » constitué de la langue et des rituels des cérémonies religieuses. Ces pratiques s'inscrivent dans une temporalité : les hindous créent les conditions qui leur permettent de se rattacher à leur « mère patrie », c'est-à-dire qu'il s'agit ici de la reconstitution d'un passé :

The cultivation of Hindi as the language of the ancestors in Mauritius is part of a larger process of establishing a diasporic relationship to a homeland in India. (p. 94) (= Poser l'hindi comme la langue des ancêtres (des Indo-mauriciens) fait partie d'un processus plus global qui consiste à établir un pont entre la diaspora indienne et l'Inde).

Outre cette fonction « interne » (au groupe), les langues identitaires ont une fonction externe : elles servent à cultiver l'estime de son groupe envers l'autre par des mécanismes de légitimation des symboles de son identité communautaire. Ce constat fait écho à des réflexions faites par Arno & Orian qui affirment que, dans la société mauricienne, les groupes doivent se valoriser par rapport aux autres.

Les langues identitaires remplissent donc une fonction importante à Maurice. Nous pouvons, à cet égard, reprendre des données fournies par une enquête de terrain conduite en 2007 évoquée ci-dessus. Lorsqu'on interroge un témoin bhojpurophone sur ses symboles identitaires, il limite le créole à sa simple fonction communicationnelle. En revanche, il opère dans une confusion volontairement entretenue entre le découpage ethnique et le bhojpuri même s'il ne désigne pas cette langue par ce terme :

Kan oun marie ki ou ti pe koze ar ou madam ? (= Lorsque vous vous êtes marié, quelle langue parliez-vous avec votre épouse ?)

Indien mem… (= toujours l'indien)

Dan mandir ki ou koze ? (= dans le temple quelle langue utilisez-vous ?)

Indien mem (= toujours l'indien)

Isi tou dimunn koz indien (= ici tout le monde parle indien)

Au plan identitaire, il affirme : « *moi mo enn pir hindou moi* » (= moi je suis un pur hindou).

Ainsi donc, si le français est perçu comme l'instrument de la réussite scolaire et sociale, les langues orientales constituent, elles, l'outil de la reconstitution de ce passé avec lequel une partie de la population ne veut pas couper les ponts. Les Mauriciens, en tout cas ceux qui se sentent rattachés au pays de leurs ancêtres, sont impliqués dans un double processus sociolinguistique : dans les stratégies intersegmentaires, ils se projettent dans la réussite socioprofessionnelle et se donnent les moyens linguistiques d'y parvenir. Dans une démarche limitée à l'appartenance à leurs groupes ethniques, ils créent des ponts qui peuvent être totalement biaisés avec un passé reconstitué. On peut alors postuler que ces deux projets s'inscrivent dans deux dynamiques (et deux réalités temporelles spécifiques) différentes et n'entretiennent, entre elles, aucun rapport conflictuel. Elles s'inscrivent dans un même projet de vie sans se télescoper. Les langues asiatiques ne constituent donc pas un frein à l'occidentalisation et à la modernité : l'idéal mauricien (pour ceux qui veulent se connecter à leur passé) est de pouvoir disposer d'une assiette identitaire constituée des deux composantes.

IV. Les parents, les enfants, les langues : bilan

Ce qui est connu

La mobilité néo-francophone actuelle co-existe avec une « reproduction sociolinguistique » qui constitue le trait le plus significatif de la réalité des usages des langues en milieu familial. Associer la société mauricienne à la mobilité linguistique, c'est d'abord préciser la succession des types de mobilité linguistique et surtout le phénomène non moins important de la non-mobilité des locuteurs créolophones, le groupe le plus important du point de vue démolinguistique. S'agissant de la mobilité elle-même, la communauté linguistique mauricienne en a connu deux types : celui du XIXe siècle et du début du XXe siècle marqué par la disparition des langues dites ethniques au profit du créole et celui amorcé dans les années 80 dénommé la dynamique néo-francophone. Les modalités de ces deux types de mobilité sont différentes : la première, inconsciente, souvent non assumée, est instrumentalisée par la nécessité de l'intégration socioprofessionnelle ; la seconde, intentionnelle, a pour origine le poids de la hiérarchie des langues. Ce second type de mobilité linguistique instrumentalise d'autres mutations sociales, cristallise les aspirations et, souvent aussi, renvoie, indirectement, aux frustrations de parents soucieux du devenir de leurs enfants mais incapables d'effectuer le *language shift* souhaité.

Si le créole et le français sont, au moins partiellement, en rapport paradigmatique, les langues identitaires n'opèrent pas dans la même aire sociolinguistique : ces deux catégories de langues ne sont d'ailleurs pas en rapport diglossique. S'agissant de la diglossie français/créole, il est nécessaire de faire une distinction entre cette diglossie de type prescriptif évoquée par Robillard et ce que révèlent les enquêtes de terrain en milieu scolaire. Alors que les parents sont fortement conscients de la hiérarchie des langues et créent, quand ils en ont les moyens, les conditions favorisant l'appropriation et l'usage de celles qui peuvent assurer, à leurs yeux, la réussite scolaire et sociale de leurs enfants, l'école adopte, elle, une démarche plus souple. La L1 de l'enfant n'est pas stigmatisée mais tolérée de manière consciente et explicite. Ce qui est valable pour l'école l'est d'ailleurs aussi pour l'ensemble des institutions mauriciennes. Les radios privées et publiques, la télévision nationale, le judiciaire, l'exécutif n'ostracisent pas le locuteur créolophone même si la maîtrise des langues européennes peut constituer un atout non négligeable. Ces observations renvoient à une forme de tolérance du trilinguisme par les institutions du pays. Cette souplesse ne résout toutefois pas les problèmes techniques que posent, en milieu scolaire notamment, le développement d'aptitudes de communication en L2 et la structuration des connaissances quand on nie l'existence de L1. Mais il s'agit là d'une autre question qui sera développée dans le chapitre suivant.

Zone d'ombre

Venons-en à la question cruciale des représentations sociolinguistiques des enfants. On peut raisonnablement penser que si l'enfant-locuteur doit être au centre des préoccupations de la recherche, il est temps qu'on recueille des données sur les représentations qu'il se fait au sujet des langues dans ce contexte plurilingue où les significations associées aux langues sont nombreuses et variées. Poser que les enfants construisent leurs représentations sociolinguistiques à partir de celles de leurs parents consisterait à condamner la recherche sociolinguistique à des extrapolations douteuses. Toutefois, les données empiriques font défaut puisque les quelques rares travaux conduits n'offrent pas suffisamment de données pour qu'on puisse se faire une idée précise de la situation. L'origine du problème ne se trouve toutefois pas dans les seuls déficits des travaux empiriques. Il y a lieu de se donner les outils théoriques adéquats ainsi que les techniques appropriées au recueil de telles données. A cet égard, trois questions méritent d'être posées si l'on veut tirer quelque bénéfice de cette perspective de recherche qu'offre la socio-linguistique :

1° à quel moment les représentations structurées sont-elles développées par les apprenants ?

2° existe-t-il des méthodes suffisamment fiables pour faire verbaliser ces représentations par de tout jeunes apprenants ?

3° est-ce que, comme pour les lectes d'apprenants, ces représentations sont de nature transitoire et sont contextuellement déterminées ? Si tel est le cas, faut-il répliquer la démarche pseudo-longitudinale adoptée par les acquisitionnistes pour le recueil de données afin que les transformations dans les représentations développées soient cernées ?

Si l'on peut prouver que des enfants peuvent très tôt développer ces représentations, ce sont alors les complexités méthodologiques de recueil de données qui nous posent problème et qui ont fait l'objet d'une première mise au point (Tirvassen, 2005a). Ces difficultés ont pour origine le caractère complexe d'une activité qui consiste à faire faire des commentaires méta-discursifs à des enfants. La deuxième question à laquelle on est confronté relève du caractère instable des représentations à ce stade de leur processus de socialisation : on peut alors penser que toute tentative visant à cerner les représentations des enfants dans leur évolution devrait s'appuyer sur une méthodologie pseudo-longitudinale qui risque d'être coûteuse. Autant dire que sur cette question, nous resterons avec nos doutes. On peut donc avancer qu'il faut encore débroussailler le terrain à partir de quelques observations empiriques, des mises au point théoriques constantes jusqu'à ce que l'on aboutisse à une conceptualisation suffisamment solide pour entreprendre des enquêtes de terrain.

V. Conclusion

Les enquêtes de terrain conduites dans le cadre de cette étude confirment les travaux précédemment réalisés :

1° il y a, dans les écoles mauriciennes, une majorité d'enfants créolophones monolingues ;

2° on y trouve une minorité d'enfants qui sont bilingues créole-français ;

3° il existe une minorité d'enfants qui sont des bilingues créole-bhojpuri.

Les enfants mauriciens présentent donc trois profils dominants, mais avec des variantes que seules des études descriptives affinées pourront préciser. Un des seuls travaux conduits qui date de la fin des années 1980 (Tirvassen, 1993) mériterait d'être poursuivi.

Si les autres articles dans ce volume décrivent l'entrée dans la deuxième langue du point de vue psycholinguistique, celui-ci a tenté de rendre compte des conditions sociolinguistiques dans lesquelles s'effectue la prise de contact avec cette deuxième langue. Nous sommes parti du principe que l'école opère dans une société où se construisent des significations sociales dont le langage est non seulement un des indicateurs mais aussi un des instruments puisqu'il cristallise des souhaits, des désirs, des ambitions ainsi que les frustrations des principaux acteurs de l'institution scolaire. Ces sentiments linguistiques sont déterminés par ce qu'on peut appeler les éléments déclencheurs des significations que l'on construit au sujet des langues. Ces éléments sont :

1° le poids démolinguistique des langues en milieu familial ;

2° l'attraction pour le français (et de manière plus générale les langues européennes) et, inversement, l'incapacité d'accéder à cette langue pour les parents qui n'en ont pas les moyens ;

3° l'attachement aux langues qui ont des valeurs identitaires et culturelles pour une partie de la population mauricienne.

Le premier élément qui nous intéresse est donc le poids démolinguistique du créole. On aurait tort de limiter la réalité démolinguistique à son seul attribut statistique. L'importance du créole au plan quantitatif est elle-même le résultat d'un certain nombre de dynamiques historiques et de mécanismes de stabilisation et de structuration sociales : on a montré que c'est le passage de réseaux de communication fermés d'une communauté agricole rurale à des réseaux plus ouverts d'une communauté linguistique urbanisée et en voie d'industrialisation qui est à l'origine de la transition des langues ethniques comme le bhojpuri au créole. Bien avant nous, Baggioni & Robillard (1993) avaient signalé, dès les années 90, que le créole est la langue des communications non marquées. Le créole est bien un élément structurant de la société mauricienne : alors que cette langue s'impose inconsciemment et presque naturellement, les locuteurs qui sont à la recherche du français, du moins certains d'entre eux, doivent braver les obstacles auxquels ils sont confrontés.

Au-delà de l'analyse sociologique, ce qui nous préoccupe davantage ici, c'est l'impact de cette réalité sur l'école, c'est-à-dire sur les acteurs de l'école dans une société où les langues sont hiérarchisées. Distinguons la gestion du matériau linguistique par les parents de celle des enseignants. S'agissant des parents, les enquêtes révèlent la forte corrélation établie entre la réussite sociale et l'usage du français en milieu familial et surtout l'association entre le français et la réussite scolaire à tel point que la non-maîtrise de cette langue est perçue par certains parents comme une fatalité. Parce que la langue n'est pas le seul élément à partir duquel on construit son univers symbolique, on se gardera de généralisations abusives. Il y a toutefois lieu de poursuivre les enquêtes amorcées ici pour mieux comprendre les significations que les parents se construisent au sujet de l'école. S'il se confirme que les représentations sociolinguistiques constituent un indicateur fiable de l'univers symbolique des parents, on peut alors penser que de nombreux parents, comme les témoins, qui associent le créole à la reproduction sociale et à l'impossibilité de bénéficier de la mobilité sociale, vont entraîner leurs enfants dans le cycle de la pauvreté. En effet, si la reproduction sociolinguistique cohabite avec la mobilité linguistique propulsée par la dynamique francophone, équiper des enfants en compétence en créole uniquement pourrait avoir des effets pygmalion. La société mauricienne serait alors injuste envers la toute petite enfance et biaiserait son insertion dans la première des institutions de préparation à la vie active si elle n'intervenait pas pour atténuer les effets pervers d'un héritage de la colonisation, consolidée par la réalité contemporaine. Il y a donc une justice sociale à établir que la politique linguistique de l'école pourrait, en fait devrait, instrumentaliser. Signalons toutefois les déficits en données nécessaires pour une compréhension plus étendue de la réalité linguistique des enfants mauriciens. Ces déficits s'expliquent non seulement par la rareté des travaux consacrés à cette question mais aussi par la qualité des outils nécessaires à une compréhension affinée des représentations sociolinguistiques des enfants.

À la différence des données au sujet des parents, les observations conduites en milieu scolaire offrent des éclairages précis sur les rapports entre les choix pédagogiques des enseignants et les représentations qu'ils se font au sujet des langues. Selon des enquêtes qui ont été conduites et qui seront présentées dans le chapitre suivant si, en apparence, les enseignants semblent ne pas subir la hiérarchie des langues, ce n'est qu'une première impression. Le rapport diglossique entre le créole et le français détermine, au moins pour partie, les choix pédagogiques. On verra, dans le chapitre suivant, que l'école n'est pas à l'abri des biais qu'entraîne la hiérarchie des langues même si l'accession à l'indépendance a partiellement transformé les rapports des locuteurs avec les langues, ainsi que l'ont montré Baggioni & Robillard (1993) et Tirvassen (2003a).

Les deux constats effectués ci-dessus nous permettent de dire que les enquêtes sociolinguistiques conduites à Maurice jettent un éclairage nouveau sur la notion de diglossie. Une première mise au point au sujet de cette notion a consisté, à la fin des années 70, à limiter l'aire de conceptualisation de la diglossie à la réalité macro-sociolinguistique puisqu'on affirmait qu'elle rendait compte des rapports inégalitaires entre deux ou plusieurs langues. Robillard semble contester cette définition en posant un rapport de cause à effet entre une conscience affinée de la hiérarchie des langues et la transformation des pratiques langagières : la réalité macro-sociolinguistique n'est donc pas déconnectée du comportement langagier. On passe donc d'une conception de la diglossie limitée à la répartition fonctionnelle entre les langues à une autre où elle déclenche des choix. Trois arguments plaident en faveur de cette approche : d'abord, une réalité macro-sociolinguistique n'existe pas sans que les locuteurs y soient associés : les locuteurs, c'est la dimension *in vivo*. Ensuite, on peut penser que les locuteurs intègrent dans leur système de valeurs les significations rattachées aux langues pour assurer le maintien de la hiérarchie établie dans leur vie quotidienne. Enfin, au plan théorique, on ne peut pas construire un schéma sur la répartition fonctionnelle des langues sans locuteurs, un peu comme la linguistique avait élaboré, sans succès, une théorie du langage sans la parole. La réalité macro-sociolinguistique n'est pas coupée de la réalité quotidienne des locuteurs même si la nature des rapports varie selon les communautés linguistiques.

Ceci étant, la diglossie n'explique pas tout : le terme même d'écosystème langagier et la multiplicité des éléments déclencheurs des significations attribuées aux langues permettent de dire que la diglossie n'est pas le seul élément à l'origine des comportements des locuteurs. Pour illustrer ce point, on peut d'abord évoquer l'attraction pour les langues dites ancestrales qui ne s'explique pas par la hiérarchie des langues. On peut aussi se référer aux enquêtes qui ont montré comment des locuteurs appartenant aux mêmes classes socio-économiques choisissent des projets de vie différents à partir des options sociolinguistiques qu'ils se donnent. Dans cette perspective, le locuteur est, jusqu'à un certain point, acteur de son projet de vie et, évidemment, du processus de construction sémantique dans lequel il est activement impliqué. C'est en s'appuyant sur l'idée que les représentations sociolinguistiques sont plus « fluides » que les pratiques langagières que les militants qui défendent les intérêts du groupe ethnoculturel créole à Maurice tentent d'opérer une association entre la langue créole et l'identité de ce groupe. Pendant longtemps, cette communauté s'est définie comme une composante d'un *continuum* ethnique avec pour modèle le Blanc francophone. Pour les militants de ce groupe, faire assumer le créole par cette communauté ethnique, c'est une manière de couper le cordon ombilical avec la bourgeoisie francophone et créer les conditions pour construire un groupe aux contours identitaires nets. C'est là un phénomène inquiétant pour ceux qui militent pour une prise en compte du créole à l'école compte tenu de son caractère national et du rôle qu'il peut jouer pour résoudre un certain nombre de questions psychopédagogiques. Paradoxalement, ce qu'il y a de réjouissant dans ce constat est l'idée qu'on peut transformer les représentations sociolinguistiques : on n'est pas dans des réalités qui échapperaient au contrôle des hommes. Ce genre de constatation devrait amener les décideurs à ne pas fuir devant leurs responsabilités et se dire que l'intervention sociolinguistique est possible surtout si elle veut rétablir une certaine justice sociale.

L'ENTRÉE DANS LA L2 : LES VOIES QUE PROPOSE L'ÉCOLE MAURICIENNE

Rada Tirvassen
Mauritius Institute of Education & UMR 7114, CNRS

I. Introduction

Posons les postulats suivants qui relèvent pour certains de l'observation empirique (1° et 2° et 3°) et pour d'autres (4° et 5°) d'une posture théorique :

1° Le langage assume, dans l'instruction publique, de nombreuses fonctions, certaines explicites, d'autres plus tacites : il y a la lecture et l'écriture que l'école ne réussit à développer qu'avec de grandes difficultés ; on peut également évoquer la structuration de savoirs et de savoir-faire dont on a sous-estimé l'importance puisque, dans le sillage d'une conception techniciste de la langue, on a réduit cette fonction à la seule transmission de connaissances ; il y a enfin l'intégration sociale des enfants dans un milieu dont les valeurs sont différentes de celles de l'environnement familial.

2° Dans les pays qui ont connu un long processus de développement de l'État-Nation, l'histoire a permis l'émergence d'une langue dans laquelle non seulement la nation se reconnaît mais qui est également le support de toutes les communications institutionnelles dont celles de l'école. Dans ces communautés linguistiques, le choix de la langue sur laquelle repose non seulement la réussite de l'enseignement mais aussi et peut-être surtout celle de l'apprentissage ne pose pas de problème majeur même si d'autres questions sociolinguistiques comme la gestion de la variation dialectale peuvent constituer un sérieux obstacle à la réussite du projet scolaire. Dans les pays du Sud où il n'y a aucun consensus au sujet de la langue la plus appropriée pour l'enseignement et surtout pour l'acquisition de connaissances par les enfants, c'est souvent une L2 qui assure l'essentiel des tâches linguistiques de l'instruction publique.

3° Parce qu'on ignore l'existence et l'importance de la L1 tant dans sa fonction cognitive qu'identitaire, l'entrée dans la L2 est posée comme un processus allant de soi et ne posant pas de problème particulier.

4° La littérature théorique qui se penche sur la manière dont on gère le bilinguisme auquel l'école est confrontée n'est pas claire sur les repères que l'on peut fournir aux praticiens chargés de négocier l'entrée dans la deuxième langue. Prenons quelques exemples. Cummins, dans son approche du développement de la littératie dans des projets d'éducation bilingue, semble poser le passage de la L1 à la L2 comme une évidence. Pour sa part, Castellotti (in Maurer : 2007 : 147) avance que les stratégies d'apprentissage de langues étrangères se développent à partir des représentations que l'apprenant se fait de la L1, définie par celle-ci comme un point d'ancrage. Abondant dans le même sens, Maurer propose la mise en place de pratiques pédagogiques favorisant la réflexion métalinguistique sur la L1 afin de faciliter la découverte du système de la L2 mais semble soutenir le point de vue de Cummins quand on se limite à la seule question de l'apprentissage de la lecture.

5° Des travaux réalisés par des linguistes avec l'apport de la psychologie cognitive (voir par exemple Noyau, 2004) ont montré que le traitement d'informations par les sujets apprenants dans une L2 est loin d'être une activité simple. Ces recherches partent d'ailleurs du principe que l'expression *langue de transmission de connaissances* est inadéquate pour rendre compte de la complexité des tâches auxquels les enfants sont confrontés. Ils doivent non seulement mettre en œuvre des opérations cognitives de haut niveau dans une langue partiellement maîtrisée mais aussi gérer une situation diglossique qui les amène souvent à privilégier la correction grammaticale au détriment de la construction de connaissances. Bange (in Noyau : 2004) a conceptualisé cette réalité à partir de la notion de bifocalisation. Ces travaux ont ouvert la voie à d'autres investigations que cette étude poursuit, insuffisamment peut-être.

Ce volume réunit des études précises (chapitres 3 à 7) sur la manière dont l'apprenant négocie ses différentes incursions dans la

L2. Contrairement aux chapitres 3 à 7, celui-ci se donne pour tâche de « décrire » la façon dont l'école projette l'enfant mauricien dans les deux fonctions essentielles de la L2 que sont le développement de compétences de communication et la structuration de connaissances. Nous avons opté pour le terme *décrire* en sachant qu'il est évidemment trompeur quand on sait que toute appréhension de la « réalité » s'effectue à partir d'un certain outillage théorique. Ce que nous voulions surtout dire, c'est que l'on rendra compte d'observations conduites sur chacun de ces deux aspects de la vie scolaire en restant relativement collé au terrain avant de discuter les données obtenues. En conclusion, il s'agira de poursuivre les réflexions entamées dans le chapitre précédent puisque nous verrons quel est l'impact de l'arrière-plan sociolinguistique sur la manière dont l'école gère la question du langage.

II. L'enseignement des langues

II.I. Le choix des langues enseignées

Le choix des langues enseignées est déterminé par deux types de préoccupations : le corps social est sensible aux langues qui assurent la réussite socioprofessionnelle des enfants alors que ce qui intéresse davantage les États est l'avancement socio-économique du pays ; d'autre part, toutes les communautés linguistiques accordent une place significative aux langues qui sont le véhicule de leur identité. Le processus décisionnel relève de la responsabilité des décideurs qui sont, en général, attentifs aux implications linguistiques de l'orientation économique de leurs pays et des demandes sociales, s'agissant de la question identitaire. On peut toutefois penser que lorsque la société civile n'est pas impliquée dans le processus décisionnel, notamment dans des États autocratiques, les décisions prises peuvent relever du choix des dirigeants comme cela a sans doute été le cas à Madagascar pendant la période de la malgachisation de l'éducation dans la Grande Ile. Ignorons ce point déjà abordé (Tirvassen 2009) et limitons-nous à l'histoire des décisions réalisées dans le contexte mauricien.

La période de la colonisation française de l'île est marquée, au plan sociolinguistique, par l'implantation de la langue française dans un contexte où il n'existait aucune alternative à cette langue et à un enseignement calqué sur le modèle français. Pendant la période coloniale britannique, l'anglicisation de l'éducation, pilotée par les gouverneurs qui, contrairement au *Colonial Office* de Londres, étaient convaincus qu'il fallait imposer l'anglais dans les écoles, s'inscrivait dans un rapport de force entre deux groupes dominants, l'un, les Britanniques, contrôlant l'administration centrale et l'autre, les Blancs francophones dirigeant l'économie et, au moins pour partie, les médias ; par ailleurs, ils bénéficiaient du soutien de l'Église catholique, particulièrement active au XIXe siècle. Dans un jeu d'équilibriste imposé par le *Colonial Office*, soucieux d'éviter d'entrer en conflit avec les locaux, l'anglais acquit le statut de langue d'enseignement et donc de première langue enseignée ; pour apaiser les tensions, le français fut enseigné comme langue obligatoire dès la première année du primaire.

Au secondaire, le rôle et les fonctions de l'anglais demeurent les mêmes : dans les deux cycles, l'échec en anglais est éliminatoire. Toutefois, tel n'est pas le cas pour le français dans le cycle secondaire. Perçu comme une langue obligatoire jusqu'à la cinquième année du secondaire qui mène aux examens du *School Certificate* (examen national sanctionnant les cinq premières années de l'enseignement secondaire qui, auparavant, menait au marché de l'emploi), le français est une discipline optionnelle dans les classes terminales et donc aux examens du *Higher School Certificate*, l'équivalent du baccalauréat. Il faudrait néanmoins signaler que les compétences d'expression orale en anglais (et même au niveau de l'écrit) demeurent relativement limitées pour les enfants qui quittent l'école secondaire ; la communication orale en français est nettement meilleure compte tenu non seulement de la place de cette langue dans les médias mais aussi du rôle qu'elle joue dans la communication quotidienne. Si l'histoire coloniale explique donc la présence des langues européennes dans l'éducation, ce sont aussi les langues les plus valorisées sur le marché de l'emploi, d'où cette complicité entre les décideurs et la population pour ne pas remettre en question la place qu'occupent ces deux langues dans l'instruction publique mauricienne

Mis à part ces deux langues, les langues asiatiques sont également enseignées. Cet enseignement s'explique par les fonctions qui leur sont attribuées au plan identitaire. La société mauricienne est constituée, dans la conscience collective de la population, de groupes ethniques étanches ayant chacun ses spécificités (déterminées par des marqueurs d'ethnicité), leur histoire et leurs projets d'avenir. On peut penser qu'outre les pratiques privées (rituels religieux, choix alimentaires, etc.), les langues identitaires instrumentalisent l'estime de soi des groupes sur le marché symbolique. Il y a, à cet égard, une corrélation que l'on peut établir entre le découpage des groupes ethniques et la revendication des langues dites ancestrales : par exemple, la plus grande partie des musulmans qui sont comme les Hindous, originaires de l'état du Bihar et dont les membres de la première génération étaient tous des locuteurs du bhojpuri, vont se démarquer des Hindous. Pour la première fois, dans le recensement national de 1962, on établira une catégorie « musulmans » qui va d'abord revendiquer l'ourdou comme langue ancestrale pour se différencier des Hindous avant que certains n'optent pour l'arabe.

En tout cas, la promotion de ces langues, amorcées dans les années 40, à l'origine de nombreux conflits sociaux dans les années 90, se concrétisera en 2004 quand les résultats obtenus dans ces disciplines seront comptabilisés pour la certification et le classement des élèves à l'issue des examens (ou du concours) de fin de cycle primaire. On peut alors nuancer les propos de Tirvassen (2003b) et dire que la promotion des langues asiatiques constitue d'abord un outil de création d'un groupe aux contours nets et, ensuite, un instrument de légitimation sociale d'un des symboles les plus valorisés d'une communauté ethnique. En revanche, on peut maintenir le constat effectué que la promotion des langues orientales sous la forme d'un enseignement formel à l'école est un moyen pour les Indo-mauriciens d'imposer, sur le plan emblématique, leur double pouvoir démographique et politique.

Les mêmes dynamiques qui portent les langues asiatiques à l'école seront à l'origine de l'introduction du créole comme langue optionnelle dans l'enseignement primaire prévue en 2012. La lutte pour la promotion du créole a été l'œuvre de militants qui ont vu dans cette langue un instrument puissant de l'unification nationale.

Toutefois, tant que le créole opérait comme une langue supra-ethnique, il ne disposait pas d'un levier lui permettant d'accéder à l'école. C'est sa récupération par les militants du groupe ethnique créole qui va accélérer sa reconnaissance institutionnelle. En effet, à partir des années 90, les défenseurs de la communauté ethnique créole, se sentant exclus de la réussite sociale, attirent l'attention de la population et notamment des décideurs sur leur situation qu'ils désignent sous le terme de *malaise créole*. Ils veulent assurer la mobilité sociale des « membres » de leur « ethnie » afin qu'ils puissent bénéficier des retombées de la croissance économique du pays. Pendant longtemps, cette « communauté » s'est définie comme une composante d'un *continuum* ethnique avec pour modèle le « blanc francophone ». Pour les militants de ce groupe, faire assumer le créole par cette communauté ethnique était une manière de couper le cordon ombilical avec la bourgeoisie francophone, ce qui leur permettrait, pensaient-ils, de créer les conditions pour une valorisation du groupe.

À partir du moment où ils se constituent en groupe plutôt bien organisé, militent de manière ostensible en donnant d'ailleurs un nom à leur militantisme, ils représentent une force électorale, ce qui oblige les décideurs politiques à admettre leur existence et à trouver des réponses à leurs revendications dont une reconnaissance du créole et sa promotion dans les institutions. Ces militants commencent, en 1997, par intenter un procès à l'État en raison de l'absence d'un bulletin d'information en créole ; non seulement la radio et la télévision nationales proposent un bulletin d'information dans les heures de pointe mais aussi, quelques années plus tard, les décideurs proposent un projet visant à expérimenter l'usage du créole comme médium d'enseignement. En 2004, le gouvernement conduit un projet pilote dans les ZEP[11] à Maurice et à Rodrigues afin d'expérimenter, à des fins pédagogiques, dans les trois premières classes du cycle primaire, l'usage du créole, L1 de la totalité des enfants qui y sont scolarisés.

[11] La catégorisation est la même qu'en France : elle désigne des écoles où l'échec scolaire est élevé ; par ailleurs, ce sont des écoles qui se trouvent dans des quartiers ouvriers mais les mécanismes sociaux de la marginalisation scolaire ne sont pas les mêmes qu'en France.

On peut se demander si ce n'est pas la valeur emblématique du projet qui intéressait l'État bien plus que sa portée psychopédagogique : les écoles choisies pour conduire l'expérience se trouvaient dans des régions fortement associées à la communauté ethnique créole. Enfin, depuis 2001, suite à la création d'une filière pré-professionnelle où sont scolarisés, pendant les trois premières années du secondaire, les élèves qui n'ont pas réussi à deux reprises aux examens de fin de cycle primaire, les autorités catholiques ont formellement autorisé l'usage du créole comme langue support pour des enseignements offerts en anglais. Elles ont formalisé, depuis quelques années, l'usage de cette langue, posé comme une condition nécessaire à la « transmission efficace des messages » avant d'expérimenter le recours à des manuels en créole pour l'enseignement de toutes les disciplines autres que l'anglais et le français. Dans le même temps, elles ont mis en place un enseignement de la lecture et de l'écrit en créole. Par ailleurs, les écoles primaires qui opèrent sous l'égide du Bureau d'Éducation Catholique tentent de mettre en œuvre un projet pilote visant à accorder une importance significative au créole.

En raison de l'association entre les Créoles et cette Église, l'État n'a jamais contesté les décisions qu'a prises le Bureau d'Éducation Catholique alors qu'elles ne respectent pas le cadre réglementaire officiel. Pour montrer son adhésion à ces requêtes, dans son discours officiel de présentation du Programme du nouveau gouvernement qui a pris le pouvoir après les élections de mai 2010, le Président de la République a annoncé que le créole serait bientôt enseigné comme discipline optionnelle. Afin d'assurer la mise en œuvre de cette décision, le ministère de l'Éducation nationale vient de créer une Académie pour la langue créole qui est chargée d'effectuer les travaux visant à aménager cette langue afin qu'elle puisse accéder à l'école. Il a par ailleurs pris des dispositions afin que des enseignants soient recrutés et formés pour l'enseignement de cette langue.

II.II. Le dispositif actuel

Les éléments évoqués ci-dessus expliquent, au moins pour partie, le type de dispositif mis en place pour l'enseignement des langues dans les cycles primaire et secondaire sur lequel on reviendra après avoir évoqué l'enseignement pré-primaire. Contrairement aux deux autres cycles, il n'existe aucune réglementation couvrant l'école maternelle même si le gouvernement mauricien tente de structurer ce secteur, de lui attribuer des moyens et, de manière plus générale, semble prendre conscience de son impact sur l'efficacité de l'instruction publique nationale. Toutefois, dans la mesure où l'on n'est pas encore dans les apprentissages formels et aussi parce que les enfants arrivent à l'école avec leur seule L1, le gouvernement, évitant toute forme de prise en charge du créole à des fins pédagogiques, préfère laisser une totale liberté aux enseignants. On rendra compte, plus loin, d'enquêtes qui ont été conduites dans des écoles maternelles et qui visent à fournir des repères sur les aménagements de fait réalisés par les enseignants.

S'agissant de l'enseignement des langues comme disciplines dans le cycle primaire, tous les élèves des écoles publiques mauriciennes apprennent, dès la première année, l'anglais et le français qui sont deux langues non maternelles pour pratiquement tous les enfants mauriciens. Outre les langues européennes, les langues orientales sont aussi enseignées dans le cycle primaire. Selon les statistiques officielles, 70% des élèves mauriciens apprennent une langue orientale. Dans le secondaire, pendant les cinq premières années, tous les élèves apprennent le français perçu, comme nous l'avons dit, comme une langue obligatoire mais le pourcentage d'apprenants qui optent pour cette langue dans les classes terminales demeure relativement faible. Par ailleurs, il existe à Maurice un peu moins d'une dizaine d'écoles primaires et secondaires privées où l'on enseigne une des deux langues européennes comme L1 et où l'on offre la deuxième langue européenne comme langue étrangère à partir de la troisième année du primaire.

L'école, ainsi que nous l'avons soutenu, répond à deux types de préoccupations : l'instruction publique est perçue comme un espace qui instrumentalise l'accès à la connaissance et à la réussite sociale pour les familles et, pour les décideurs, elle contribue au développement des ressources humaines indispensables au développement. Ce sont les langues coloniales qui assument ces fonctions. Par ailleurs, l'école est considérée comme le lieu où l'on offre des repères identitaires aux jeunes enfants : les langues asiatiques, et bientôt le créole, opèrent comme les vecteurs de ces choix identitaires. Toutefois, ces langues sont offertes uniquement au primaire et presque jamais au secondaire et ont d'ailleurs un statut de langue optionnelle. Le choix des langues repose donc sur une conception binaire des fonctions qu'elles doivent assumer. Il serait intéressant de savoir si cette conception n'entraîne pas deux types d'enseignement. Dans le premier, la langue serait un instrument de communication coupé de sa base culturelle alors que dans l'autre, c'est la composante identitaire qui constituerait l'essentiel de ce que les enfants doivent apprendre. Dans une approche techniciste de la langue, c'est la grammaire et le vocabulaire qui constituent le fondement du programme d'études. Lorsqu'on lui attribue une fonction culturelle, elle est le miroir de certaines valeurs qu'on veut bien lui associer.

II.III. Les premiers contacts avec les langues de l'école : l'enseignement des langues dans les écoles maternelles

Des données ont été recueillies sur la manière dont les enseignants gèrent l'entrée dans les langues de l'école en maternelle à la suite de deux enquêtes de terrain conduites en mai 2008 par trois groupes d'étudiants préparant le *Teacher's Diploma*[12] au *Mauritius Institute of Education*. Un premier enregistrement de trois heures d'activités en classe a été réalisé dans une école pré-primaire en zone urbaine où sont scolarisés des enfants de la petite et de la moyenne bourgeoisie. Un deuxième enregistrement d'environ une heure a été effectué dans une école pré-primaire d'une région rurale où sont scolarisés des enfants issus de familles de la classe ouvrière. Enfin, nous reprendrons l'analyse d'une classe de pratiques de la communication orale, en français (Tirvassen, 2005b), extraite d'une enquête conduite en 2004. Il s'agissait d'une classe qui visait à développer les rudiments des échanges oraux en français enregistrée dans une école maternelle annexée à une école primaire classée en ZEP. On commencera par décrire ce que l'on a observé avant d'en tirer des enseignements dans la perspective des réflexions que l'on mène ici.

---

[12] Je voudrais remercier tous les étudiants du groupe *Teacher's Diploma French* (2006-2009) : ce sont eux qui ont réalisé les enregistrements dans les écoles maternelles et dans une de ces écoles secondaires où l'enseignant a conduit une leçon de mathématiques.

Dans la première école, celle de la région urbaine qui accueille des enfants de la petite/petite-moyenne bourgeoisie plutôt créolophone mais fortement attirée par le français, on peut faire deux constats. Il existe deux types de prise de parole : celui de la maîtresse qui opère comme une locutrice francophone dans le choix de sa langue de communication pédagogique et sociale ; les enfants, eux, se comportent comme des locuteurs créolophones dans les interactions entre eux et dans leurs échanges avec la maîtresse. Il existe des écoles où la quasi-totalité des enfants est francophone (et bien plus rarement plutôt anglophone) et où la langue de communication courante des enfants est le français. Nos observations nous permettent d'avancer que ces écoles accueillent aussi des enfants créolophones (Tirvassen, 2005b, affirme que l'exiguïté de l'espace mauricien et l'attraction pour le français parmi les créolophones est à l'origine de cette situation), ce qui devrait poser des problèmes d'intégration et de participation aux activités pédagogiques. Mais il n'existe aucune donnée sur la question.

Si maintenant on analyse les pratiques pédagogiques, on peut dire que la gestion du trilinguisme créole-français-anglais dans ce genre d'écoles maternelles à tendance francophone se fait selon les principes suivants :

1° le créole est la langue de communication sociale et pédagogique des enfants : il a un statut de langue tolérée auprès de l'enseignant ;

2° l'anglais est la langue étrangère ;

3° le français, la langue de la maîtresse, a un statut de langue seconde dans laquelle on structure des compétences de la communication scolaire et à travers laquelle on accède à l'inconnu, la langue anglaise. Il est à noter que les enfants, dans ce type d'école, arrivent à l'école primaire avec une certaine compétence passive en anglais développée à l'école maternelle.

Dans la deuxième école, la langue de communication sociale et celle de la structuration des connaissances est le créole (extrait 1) ; les activités destinées à l'ensemble des élèves sont entièrement en créole ; le français a le même statut qu'avait l'anglais dans l'école précédente : c'est la langue étrangère dans laquelle on veut développer des rudiments de la communication ; les pannes sont réparées à l'aide du créole (extrait 2) ; l'anglais est une langue étrangère dont la maîtrise se limite à des activités mécaniques de reconnaissance des parties du corps (extrait 3) et plus généralement à l'appropriation du vocabulaire de certains champs lexicaux. A la suite d'une comparaison entre les choix réalisés dans ces deux écoles, on peut raisonnablement avancer qu'il existe deux types différents de pratiques fondés sur des principes qui sont loin d'être les mêmes. Les enfants mauriciens, appelés à passer un concours à la fin du cycle primaire afin de déterminer l'établissement secondaire auquel ils auront accès, n'opèrent pas dans le même univers linguistique.

Extrait 1 :

« *Demain, kuma nu pu apel sa zur demain ? Samdi et dimanche (répétition). C'est le week-end. ozourdi l'école pé large demi-zurne, midi miss ena pu al legliz, pu al fer la fet de la Pâques. Chaque zanfan pu gagne zot œuf de pâques et puis zot pu gagne zot pule zot apporte à la maison en souvenir de Pâques. Et puis nu ena enn ti pe couleur ki bane zanfan inn apporte à l'école Vijay et Brijesh inn apporte à l'école. Nu pu met avec chaque zanfan, nu pu fer Holi. Demain zot pu selebre Holi à la maison. Se enn fête de la musique. Tu papa, maman, grand-père, grand-mère, dadi, nani, pu selebre Holi.* » (= Demain, comment est-ce qu'on appelle ce jour-là ? Samedi et dimanche (les élèves répètent). C'est le week-end. Aujourd'hui, les classes finissent à midi, la maîtresse ira à l'église pour la fête de Pâques. Chaque enfant aura un œuf de Pâques et puis vous aurez votre poule pour apporter à la maison en souvenir de Pâques. Et puis il y a un peu de couleur que des enfants ont apporté à l'école. Vijay et Brijesh ont apporté de la couleur à l'école. C'est une fête de la musique. Tous les papas, toutes les mamans, les grands-pères, les grands-mères vont célébrer la fête de Holi).

Extrait 2 :

M : *où habites-tu ? débout droit… koz for tou to bann kamarad tann bien ! Ki landrwa to reste ?* (= Où habites-tu ? Mets-toi debout tout droit et parle fort pour que tes amis puissent t'entendre. Où habites-tu ?)

E : *Belle-Mare* [l'institutrice répond avec un hochement de la tête].

M :*To res o bord de la mer ?* [à deux reprises]. *To abitie al au bord de la mer ? Belle-Mare*. (= Tu habites au bord de la mer ? Tu as l'habitude d'aller à la plage ?)

M : Où habites-tu ?

E : *Zabit à Belle-Mare* [à deux reprises].

M : Quel âge as-tu ? (*Après quelques secondes d'hésitation chez l'élève, l'institutrice répond*). Je quatre ans.

Extrait 3 :

I, myself. Mo lekor, nu pu aprann nu lekor an antier [...]. On va commencer.

La tet… head. Moi, moi-même. Mon corps, on apprend à nommer les différentes parties de son corps. La tête, en anglais *the head.*

E (collec.) : *La tet… head.* [Les enfants répètent : La tête, *the head*] I (inst.) : *Le seve… hair.*[les cheveux prononcés sévé : *hair*]

E (collec.) : Les cheveux… hair.[les élèves répètent] I (inst.) : La figure… *face...*

E (collec.) : La figure… *face.*

I (inst.) : Le front…*forehead.*

E (collec.) : Le front… *forehead.*

Une classe de conversation en français

Dans cette partie, nous reprenons deux temps d'un cours de français d'une école maternelle rattachée à une école primaire située dans une ZEP où la maîtresse visait l'exposition au français ainsi que la reproduction de structures morphosyntaxiques dans cette langue. L'enquête avait été conduite en 2004. Nous avons été témoin de nombreuses interactions entre les enfants et la maîtresse quand les enfants répondaient spontanément en créole ; la maîtresse reformulait en français les réponses sans aucune sanction. A titre d'exemple, les deux extraits ci-dessous :

Extrait 1 :

I : qu'est-ce que tu pars faire quand tu vas à la mer ? E : pour nager

I : tout le monde part juste pour nager ? E : pour pêcher

I : mais quand on a fini de nager qu'est-ce qu'on fait ?

E : *miss mo ale dan bateau moi* [= mademoiselle, je vais dans un bateau]

I : on peut partir en bateau. Encore, qu'est-ce qu'on peut faire encore ? Quand on est sur le sable ! Quand on va à la mer il y a le sable ?

Extrait 2 :

I : qu'est ce qu'on fait ? on… I : on joue

I : on joue avec le sable

E : *may crabe* [= attraper des crabes] I : comment ?

E : crabe

I : *maye crabe !* Après. Ce sable là comment on a ça, on se rappelle ? j'avais raconté l'autre jour. Comment on a du sable ? D'où sort ce sable là ?

II.IV. Constats majeurs

Tout comme les familles mauriciennes opèrent sur un axe sociolinguistique avec, à une extrémité, une forte composante francophone dans un bilinguisme créole/français et à l'autre une pratique exclusive du créole, l'école pré-primaire mauricienne adopte un schéma plus ou moins analogue. Il y a les écoles francophones où le créole est toléré et les écoles qui accueillent des enfants créolophones où le français est une langue cible. Par ailleurs, l'anglais est une langue étrangère dans les deux types d'école : toutefois, il a un statut de L2 dans les écoles où le français est la langue de communication courante alors que dans celles où le français est la première langue étrangère, il opère comme une L3. On peut alors conclure qu'il y a deux univers sociolinguistiques dans l'enseignement maternel mauricien structuré par l'appartenance socio- économique.

L'école maternelle procède à un aménagement linguistique fondé sur la prise en compte de deux paramètres : les profils dominants des enfants et les objectifs de l'école. Dans les écoles où les enfants sont surtout créolophones, il y a un usage marqué du créole et un « enseignement du français langue étrangère ». On peut longuement épiloguer sur cette catégorisation, mais utilisons-la dans son sens le plus général, dans son opposition à une didactique du français langue maternelle. Dans les écoles où le français est maîtrisé par les enfants, souvent parce que c'est une langue présente dans leur environnement familial ainsi que l'ont montré les enquêtes conduites, cette langue est enseignée comme une langue première/seconde (même remarque que plus haut au sujet de ces catégorisations). Toutefois, s'agissant de la diglossie, tous les extraits montrent que les enseignantes gèrent la diglossie français/créole de manière souple pour aider à une intégration sociolinguistique des enfants.

Ces observations sont renforcées par les constats réalisés sur les choix didactiques de l'école. Les extraits cités des cours de langue conduits à l'école maternelle confirment la propension de l'école mauricienne (en particulier l'école primaire) et de sa didactique des langues à la répétition mécanique, c'est-à-dire aux principes de la méthode Structuro-Globale et Audio-Visuelle (Tirvassen, 1997). Dans un tel dispositif pédagogique, le rôle de l'apprenant est limité à la production de structures figées qui n'ont pas de sens mais qui constituent des routines morphosyntaxiques ou des séries de lexèmes isolés. Sur le plan théorique, l'école mauricienne s'inspire d'un cadre largement critiqué et limite la communication à des opérations de bas niveau alors qu'on sait que le développement des aptitudes de communication ne peut avoir lieu si l'apprenant n'est pas confronté à la résolution de problèmes d'expression. Noyau (2004) qui s'inspire de la psychologie cognitive affirme que ce genre de dispositif didactique pousse à une pensée 'convergente' et 'purement adaptative' alors que l'école, aujourd'hui, devrait développer une pensée divergente, créative, 'sachant porter un regard critique, varier les points de vue, poser des problèmes et faire du neuf'. Elle ajoute que ce type de système éducatif bloque toute initiative personnelle et vise, au contraire, à consolider l'idée qu'il existe une vérité, celle de l'enseignant à laquelle il faut nécessairement se conformer pour réussir sa scolarité. On peut donc conclure que cette philosophie de l'enseignement-apprentissage entraîne l'enfant dans un processus d'imitation du maître, de reproduction et non de production discursive.

Ce constat doit être articulé avec les réflexions sociolinguistiques menées dans le chapitre précédent : le recours à une telle méthode masque les insuffisances du dispositif pédagogique de l'école mauricienne et crée une illusion de réussite dans un système éducatif où la responsabilité de l'école pré-primaire est encore plus importante qu'ailleurs puisqu'il s'agit de développer des compétences dans deux langues non maternelles, celle qui est valorisée par la société et par l'école maternelle (le français) et celle de la scolarisation des élèves (l'anglais). Si l'on effectue un rapprochement entre ces constats et les données recueillies en milieu familial, on peut penser que seules les familles qui en ont les moyens pallient les insuffisances de l'école : l'école ne crée pas les conditions nécessaires afin de réduire les inégalités sociales, bien au contraire elle les consolide.

Revenons sur les données obtenues dans les enquêtes sociolinguistiques conduites sur la gestion du plurilinguisme mauricien par les parents. Elles ont montré que la créolophonie est associée à une trajectoire socio-économique horizontale alors que, plus on assume une francophonie non pratiquée, plus on marque sa volonté de réussir socialement : l'école maternelle renforce, en quelque sorte, le poids du linguistique sur la trajectoire sociale puisqu'on peut penser que les écoles fréquentées par les enfants plutôt francophones créent les conditions de la réussite scolaire en assurant une maîtrise plus importante de l'anglais, la langue de scolarisation. Par ailleurs, ces enfants maîtrisent le français, une langue valorisée en milieu scolaire. Choisir son école maternelle (elles sont payantes même si l'État accorde une subvention à chaque enfant âgé de 4 à 5 ans) consiste à choisir son univers linguistique, un univers intimement lié à la qualité de la préparation linguistique assurée aux enfants dans un système où l'enseignement formel commence très tôt et fait l'objet d'une évaluation écrite dès la fin de la deuxième année du primaire. L'aménagement linguistique adopté dans les écoles maternelles a donc un certain nombre de retombées non seulement symboliques mais aussi éducatives et, plus tard, sociales. Il est alors évident que l'absence d'une intervention de l'État vient renforcer l'inégalité des chances devant l'enseignement.

III. La structuration des connaissances

III.I. Un cadre réglementaire inadéquat

Dans le cycle primaire, selon la réglementation officielle qui date de 1957, les enseignants peuvent utiliser la langue de leur choix pendant les trois premières années du primaire alors que l'utilisation de l'anglais est obligatoire à partir de la quatrième année de ce cycle d'études :

« *In the lower classes of Government and aided primary schools up to and including Standard III, any one language may be employed as the medium of instruction, being a language which in the opinion of the Minister is most suitable for the pupils. In Standards IV, V and VI of the Government and aided primary schools the medium of instruction shall be English, and conversation between teacher and pupils shall be carried on in English ; provided that lessons in any other language taught in the school shall be carried on through the medium of that instruction* » Extrait de *The Education Ordinance,1957*. (= Dans les premières classes des écoles primaires publiques et dans celles des écoles qui sont subventionnées par l'administration centrale, les enseignants peuvent utiliser la langue de leur choix comme médium d'enseignement à condition que cette langue puisse être comprise par les enfants. Dans les trois classes terminales des écoles primaires publiques et dans celles des écoles qui sont subventionnées par l'administration centrale, l'anglais sera le médium d'enseignement et toutes les communications entre les enfants et les enseignants seront en anglais ; les leçons dans toutes les disciplines seront en anglais mis à part l'enseignement des langues autres que l'anglais.)

Ce dispositif a été modifié par deux lettres circulaires, l'une envoyée dans les écoles en juillet 1982 et l'autre au début des années 90. Ces deux circulaires autorisent l'usage du créole et du bhojpuri dans toutes les classes du cycle primaire. Toutefois, les pratiques « officielles » contraignent fortement la marge de manœuvre offerte aux enseignants. Ainsi, tous les manuels de toutes les disciplines, sauf ceux destinés à l'enseignement des langues autres que l'anglais, sont exclusivement en anglais. Par ailleurs, tous les examens ont lieu en anglais sauf ceux des langues autres que l'anglais : par exemple, l'évaluation des connaissances en français a lieu en français. Seules les interactions orales entre les enseignants et les apprenants ne sont pas soumises au poids des pratiques officielles. Cette liberté aussi se voit réduite compte tenu des représentations que se font au sujet des langues les enseignants (certains considèrent le créole comme une langue impropre à la communication pédagogique), les parents et les directeurs d'établissements scolaires ou même les inspecteurs. Par ailleurs, il y a les difficultés qu'entraîne l'emploi du créole qui n'a pas été instrumentalisé pour la communication pédagogique. L'école mauricienne pose le problème du choix de la langue la plus appropriée pour la structuration des connaissances dans un contexte scolaire où la langue des manuels scolaires n'est pas la langue première de la quasi-totalité des enfants. En fait, l'accès aux savoirs et savoir-faire que développe l'école coïncide avec la tentative d'appropriation de l'outil de structuration et d'expression de ces connaissances.

Il existe deux exceptions au dispositif réglementaire. La première concerne une expérimentation du créole dans le cycle primaire, à la suite de pressions politiques exercées sur les autorités. En effet, comme on l'a évoqué ci-dessus, en 2004, le gouvernement mauricien avait décidé de conduire un projet pilote dans les ZEP à Maurice et à Rodrigues afin d'expérimenter, à des fins pédagogiques, dans les trois premières classes du cycle primaire, l'usage du créole, langue première de la totalité des enfants qui y sont scolarisés. Il s'agissait d'évaluer l'impact de l'utilisation systématique du créole sur la qualité de l'apprentissage et sur la participation des élèves aux activités de la classe afin de déterminer s'il était utile de poursuivre cette opération. Aucune suite ne fut donnée à ce projet à la suite du changement de gouvernement en 2005. La seconde concerne la filière pré-professionnelle où sont scolarisés, pendant les trois premières années du secondaire, les élèves qui n'ont pas réussi à deux reprises aux examens de fin de cycle primaire. Deux types d'établissements offrent cette filière, les écoles qui appartiennent à l'État et celles qui sont gérées par l'Église catholique. Dès le début des années 2000, les autorités catholiques ont formellement autorisé l'usage du créole aux enseignants qui le souhaitaient comme langue support pour des enseignements offerts en anglais. A partir de 2005, l'Église catholique a formalisé l'usage du créole, posé comme une condition nécessaire à la « transmission efficace des messages ». Depuis 2006, elle expérimente le recours à des manuels en créole pour l'enseignement de toutes les disciplines autres que celles destinées à l'apprentissage de l'anglais et du français. Dans le même temps, elle a mis en place un enseignement de la lecture et de l'écrit en créole. Un deuxième objectif que se fixe cette étude concerne l'évaluation de ce qu'on appelle le recours à des « solutions bricolages » pour la structuration des connaissances.

III.II. L'aménagement de fait : ce que révèlent les enquêtes de terrain

Ainsi que nous l'avons dit ci-dessus, nous nous appuierons sur deux enquêtes qui illustrent sans doute le caractère général et permanent de l'école mauricienne, s'agissant de ce qu'on peut appeler l'entrée dans les opérations cognitives. Posons, dès le départ, que la cognition[13] désigne l'accroissement, le maintien et l'utilisation de connaissances. On y range les activités perceptives, les apprentissages dont la mémorisation, la représentation symbolique et les opérations de résolution de problèmes. Nous avons conduit nos observations uniquement sur des leçons de mathématiques. Parce que les mathématiques sont déconnectées du réel, parce qu'elles font appel à leurs propres axiomes, parce qu'elles font appel à un raisonnement rigoureux, on peut penser que :

1° une pédagogie des mathématiques suppose un effort permettant d'effectuer le lien entre la connaissance théorique et les repères dont disposent déjà les apprenants ;

2° le rôle que joue le langage est particulièrement probant puisqu'il permet aux enfants d'accéder aux connaissances conceptuelles, de réaliser les opérations de résolution de problèmes ; par ailleurs, c'est grâce à lui qu'on peut restituer ces connaissances lors des évaluations.

Les observations réalisées

Enregistrement 1 :

Ens : On va faire *enn chart…*(= On va faire un camembert). D'abord il y a un *chart* divisé en trois… Nous avons un *bar chart.* (= un histogramme) Un apprenant : *Pie chart* (= un camembert).

Ens : Puis il y a pictogramme et puis il y a une *pie chart... right* cette fois-ci nous allons faire *bar chart* c'est quoi *bar chart* Un *bar chart* va vous donner *table* (= une table) On va commencer par quelque chose qui est très facile… *vehicles* (=véhicules)… là on

[13] Pour l'essentiel, nous nous appuyons sur Parot & Richelle, 2005.

va vous donner *number* (= un nombre)… le *number* veut dire quoi ?

Des apprenants : *numero*

Ens : chiffres ça c'est *enn table* (= ça c'est une table) que nous allons faire donne moi *enn vehicle…*

Des apprenants : *car cars lorries bicycles* (= une voiture… des voitures des camions des bicyclettes)

Ens : *bicycle* pas tellement *vehicle*… Un apprenant : bus

Ens : *buses*… il y a *motorcycles*..(= motocyclettes) regarde ce petit carreau là… vide… on va mettre des chiffres.. Regarde les chiffres là… vous allez découvrir quelque chose c'est quoi.. qu'est-ce que vous allez découvrir…

Un apprenant : Différence…

Un autre apprenant : *Two one* (= deux un)

Ens : *ki nou kapav fer avek sa bann chif-la ?* (= qu'est-ce qu'on peut faire avec ces chiffres-là ?)

Un apprenant : Plus

Ens : Non… *to envi fer tab 5* (= tu as envie de faire la table de 5 ?) Un apprenant : *retire… divize...* (= retirer… diviser)

Ens : *to envi fer tab sink... 35 ve dir* (= tu as envie de faire la table de 5… 35 veut dire ?)

Un apprenant : *troi foi set* (= trois fois sept)

Enregistrement 2 :

Ouzourdi, nu va kumans enn ti revizion lor « operations » right operations, li enn sapit, bien fasil, li pa difisil, mo pou donn zot bann ekzanp lor la, pu ki zot kapav konpran li tre bien, right. Alors « operations », premie egzanp ki mo pu donn u par egzanp, première [terme prononcé en français] *kestion, « example one. If, operation y, is equal, to two plus y, find, three operation one » premièrement, deuxièmement* [les deux mots sont prononcés en français] *« y operation bracket three operation one ». Alor, se ki inportan you see what is xxx sa ki inportan ki li finn done star y, sa star li enn operation sa, sa mem li donn ou equal to, two plus y li dir ou truv troi operation.*

(= Aujourd'hui nous allons commencer une petite révision sur les opérations… ok… les opérations… c'est un chapitre très facile c'est pas difficile je vais vous en donner un exemple pour que vous puissiez le comprendre ok ? Alors opérations premier exemple : si opération Y est égal à deux plus y, trouvez y. Alors ce qui est important vous voyez ce qui est important c'est qu'on nous a donné l'étoile qui représente y.cette étoile là, c'est une opération ça.)

Les constats

Dans les deux enregistrements, l'anglais n'est jamais employé comme langue de communication naturelle entre enseignants et apprenants. L'enseignant dans l'enregistrement 2 tente d'utiliser cette langue pour communiquer avec les apprenants, mais doit bien vite se rabattre sur la langue la plus apte à la communication avec les élèves, le créole :

You see... what is... sa ki importan... (= vous voyez... ce qui est ce qui est important)

L'enseignant de l'enregistrement 1 emploie beaucoup le français au début de l'extrait jusqu'au moment où il s'adresse directement aux élèves.

Ens : *ki nou kapav fer avek sa bann chif-la* ? (= que peut-on faire avec ces chiffres-là ?)

Un apprenant : *Plus*

Ens : *Non... to envi fer tab 5* (= non tu as envie de faire la table de 5) Un apprenant : *retire... divize*..(= retirer...diviser)

Ens : *to envi fer tab sink... 35 ve dir*...(= tu as envie de faire la table de 5... 35 veut dire...)

Un apprenant : *troi foi set*... (= trois fois sept)

Posons, sur le plan théorique, la distinction entre la conception mentale d'un message (c'est-à-dire la sélection et l'organisation des éléments d'information à mettre en mots) qui se situe à un niveau de représentation non linguistique, et la production du discours pour constituer le message, ce que Noyau appelle la recherche en mémoire des ressources formelles : lexique, structures syntaxiques et habillage morphologique.

Les enseignants opèrent dans deux langues : celle (l'anglais) des connaissances techniques (*operations ; operation y, put equal to, two plus y ; chart... ; bar chart ; pie chart, etc*.) et celle qui est le support morphosyntaxique et pragmatique de la communication, le créole. Le choix des langues est déterminé par deux types de contraintes : il y a la langue des connaissances techniques, du manuel et celle qui instaure une communication naturelle, fluide entre les enseignants et les apprenants. On peut donc penser que ces deux extraits montrent que la langue de la communication normale n'est pas celle des connaissances techniques. Si l'enseignant, un rescapé d'un système sélectif, peut opérer dans le bilinguisme anglais-créole, on peut raisonnablement penser que les élèves ne peuvent le faire, autrement l'enseignant n'aurait pas utilisé le créole.

Les enseignants utilisent le créole qu'ils instituent en langue de communication naturelle alors que toutes les connaissances qu'il faut développer sont en anglais. Il existe un écart entre le médium réputé accessible aux enfants (du moins dans la représentation des enseignants) et celui qui est effectivement employé pour structurer les connaissances. Enfin, on sait qu'il existe un écart entre la langue de structuration orale des connaissances et le support qu'offre le manuel. D'autres observations conduites depuis une dizaine d'années montrent, qu'en général, les enseignants passent de ce type d'explications orales au manuel scolaire. Les apprenants ne sont préparés ni à une structuration efficace des connaissances ni à accéder à celles qui sont dispensées dans les manuels et encore moins à restituer, en anglais, dans les contrôles, les compétences développées.

IV. L'entrée dans les langues de l'école : bilan

Si l'on analyse les dispositifs mis en place par l'État pour gérer le multilinguisme mauricien à l'école, on peut faire certains constats qui peuvent paraître surprenants. D'abord, plus la prise en compte des langues premières et en particulier du créole s'avère nécessaire, plus le cadre réglementaire est flou voire inexistant : ainsi que nous l'avons dit, il n'existe aucune réglementation couvrant l'enseignement maternel, là où l'école est appelée à gérer la transition de la langue du milieu familial à celles de l'environnement scolaire. Ensuite, plus il est question des langues européennes et même des langues orientales, plus les directives sont claires et nettes. L'anglais et le français ainsi que les langues orientales qui sont elles, optionnelles, sont enseignés dès la première année du primaire dans toutes les écoles financées par l'État. La reconnaissance officielle du plurilinguisme mauricien se limite, en milieu scolaire, aux langues européennes et aux langues qui constituent l'emblème d'une communauté ethnique. Cela confirme ce qu'on avançait supra : deux préoccupations dictent la politique linguistique de l'État dans l'instruction publique à savoir les langues qui peuvent assurer le développement économique et celles qui assurent la stabilité sociale. L'État ne veut pas assumer la reconnaissance des langues qui ont une importance psychopédagogique ; quand elles sont incontournables, il laisse le soin aux enseignants de les utiliser sans dire quand, comment et pourquoi. L'école mauricienne est gérée à partir de la prise en compte de réalités économiques et politiques et sacrifie les considérations psychopédagogiques.

Parce que l'État refuse d'assumer sa responsabilité à l'égard de la langue première, on peut affirmer que l'école pré-primaire surtout, mais aussi l'école primaire, au moins pour partie, imposent aux enseignants, une tâche d'interprétation et de mise en œuvre d'une partie de la politique linguistique dans l'instruction publique. On peut d'abord se demander s'il s'agit d'une tâche normale pour un enseignant. Ensuite, on peut se demander s'ils sont formés pour pouvoir conduire cette activité avec les outils adéquats. D'ailleurs, il existe des observations nettes qui montrent que les enseignants opèrent à partir de leurs représentations sociolinguistiques. Par exemple, dans ce même volume, Owadally-Auleear fait deux observations d'une importance considérable pour l'argumentation que nous développons. Les recherches de terrain lui permettent de constater que les enseignantes d'une école maternelle considèrent que le créole est impropre à des activités de lecture ; par ailleurs, une expression, au demeurant neutre et qui se trouve dans un livre de lecture en créole, est catégorisée comme relevant d'une langue grossière. La gestion de la variation sociolinguistique est manifestement déterminée par des jugements de valeur biaisés. Nous avons soutenu que les Mauriciens gèrent la variation sociolinguistique non pas à partir des ressources d'une seule langue mais en opérant à partir d'une matrice constituée des ressources qu'offrent le français et le créole auxquels peuvent s'ajouter l'anglais (dépendant des contextes énonciatifs) et le bhojpuri. Dans cette gestion, le français est perçu comme la variété fine, pure et le créole comme un registre de langue qui peut transmettre la grossièreté. C'est un peu ce que révèle Owadally-Auleear quand elle évoque l'épisode *deryer lisien*. Les enseignants sont des produits de leur communauté linguistique, une communauté où la diglossie français/créole a certes connu une évolution mais qui est quand même caractérisée par l'association d'un certain nombre de valeurs aux deux langues.

Ceci étant, tous les choix opérés par les enseignants ne sont pas discutables. Il y a d'une part une tolérance du créole dans les écoles qu'on peut qualifier de francophones. Par ailleurs, il existe, ainsi que le montrent les extraits cités dans ce chapitre, des écoles où l'usage du créole est fréquent. Néanmoins, il ne suffit pas de se débarrasser des préjugés sociolinguistiques pour conduire des activités didactiques de manière judicieuse : comprendre la gestion de la transition des activités orales en créole à des activités de lecture en anglais dans les manuels scolaires ne peut être laissé au seul soin des enseignants. Il faut qu'un tel dispositif pédagogique soit inscrit dans un projet scolaire, ce qui suppose la reconnaissance du rôle de la langue première dans la scolarisation des enfants.

Venons-en aux constats didactiques. On peut considérer que c'est l'enseignant, ses représentations sociolinguistiques et didactiques qui offrent les indications de ces voies que l'école propose pour projeter l'enfant dans la L2. Au-delà de l'interprétation que fait l'enseignant de la politique linguistique de l'école et la manière dont il la traduit dans les faits, deux autres éléments émergent des observations didactiques :

1° la conception qu'il se fait de la L2 à enseigner ;

2° sa capacité à articuler les différents rôles qu'assume la deuxième langue et notamment son aptitude à établir un lien entre les compétences communicationnelles/linguistiques développées et la fonction de structuration de connaissances attribuée à cette langue.

Si l'on inscrit ces constats dans la perspective de la psychologie cognitive, on peut dire que l'école mauricienne prépare les enfants à utiliser les langues de scolarisation pour les seules opérations cognitives de bas niveau alors que toutes les disciplines, en particulier les mathématiques qui requièrent des opérations déductives impliquent la capacité de structuration de connaissances abstraites dont le langage est indissociable. S'agissant de l'enseignement-apprentissage des langues européennes, Tirvassen (2001 & 2009) montre que le vocabulaire et les structures morphosyntaxiques d'une discipline comme les mathématiques sont plus complexes que ceux proposés dans le manuel d'anglais de la deuxième année du primaire. Par ailleurs, la nature des activités conduites n'est pas la même : alors que les cours d'anglais en deuxième année du primaire ont pour finalité de faire produire des énoncés simples, grammaticalement corrects, dans les leçons de mathématiques, ces mêmes apprenants doivent utiliser des schèmes morphosyntaxiques complexes et un vocabulaire plus riche que celui proposé dans le cours d'anglais pour structurer des notions abstraites. Paradoxalement (mais est-ce vraiment un paradoxe ?), une partie du cours de mathématiques ou des sciences d'éveil est transformée en cours d'anglais. Il existe donc une absence d'harmonisation entre les différentes composantes du curriculum. Certes, l'école mauricienne opère avec une « solution bricolage » qui consiste à permettre aux enseignants d'utiliser le créole pour réparer les pannes de la communication. Toutefois, ce dispositif ne résout guère les problèmes de fond et entraîne même des débats parfois futiles comme le recours au français pour remédier à la situation, une solution qui viendrait compliquer une situation qui est déjà fort complexe.

L'incapacité des enseignants (de manière plus générale de l'école mauricienne) à dépasser la conception structuraliste de la langue constitue la première des limitations de l'enseignement offert. On peut penser que dans les écoles maternelles où la quasi-totalité des enfants maîtrisent uniquement ou presque uniquement le créole, il est nécessaire de prendre conscience qu'on peut (en fait on doit) développer une communication souple, riche et structurée en L1, cela d'autant plus que l'État offre une marge de manœuvre appréciable aux enseignants. Les classes doivent permettre la prise d'initiatives, la réflexion personnelle, le questionnement, bref, des opérations cognitives de haut niveau. En effet, même si l'on ne veut pas enseigner la L1, on ne peut pas nier son importance dans le développement cognitif et, de manière plus générale, dans la manière dont un enfant structure, au moins pour partie, son univers à partir de la L1 : la langue ne se résume pas à une masse de structures morphosyntaxiques et à un stock de lexèmes. Pour partie, l'école maternelle peut jeter les bases pour le développement de ce type d'aptitudes : il y aurait d'autres bénéfices pédagogiques à tirer de l'absence d'un dispositif réglementaire rigide dans l'enseignement pré-primaire mauricien. Toutefois, une mise en relation des constats faits dans le dernier chapitre et ceux que nous avons pu faire dans ici montre que parce que le langage est impliqué dans des enjeux sociaux, ses fonctions psychopédagogiques sont subsumées par la charge sociolinguistique qui lui est attribuée.

LES PRATIQUES DE LECTURE DANS UNE ÉCOLE PRÉ-PRIMAIRE MAURICIENNE : UNE ÉTUDE DE CAS

Ambarin Mooznah Auleear-Owodally
Université de Maurice

I. Introduction

Ce chapitre prend le relais des recherches sur les rapports entre les réalités macro et micro-sociolinguistiques de Rada Tirvassen (dans ce volume) et vise à offrir un éclairage sur le lien entre l'écosystème linguistique et la genèse 'psycholinguistique' de l'enfant mauricien en s'intéressant à la première étape de sa scolarisation. En particulier, il vise à décrire, de manière critique, les pratiques de lecture d'un groupe d'enfants du pré-primaire, de leurs enseignants et des parents des enfants en prenant pour point de départ la distance entre la langue de l'environnement familial des enfants et celles dans lesquelles les enfants accèdent à l'écrit. Dans sa dimension explicative, cet article vise à comprendre jusqu'à quel point l'école pré-primaire prépare les enfants à l'entrée dans une scolarisation marquée par une place significative attribuée à l'écrit dans des langues non maternelles dès que l'enfant amorce les apprentissages formels qui commencent dès la première année du primaire.

Le terme « pratiques » que j'emploie s'inspire des travaux de Barton consacrés à la description des pratiques de lecture. Selon cet auteur, ce terme conceptualise le lien et la synergie entre les activités de lecture/écriture et les structures sociales dans lesquelles s'inscrivent ces activités ; dans les travaux de Barton, les structures finissent par déterminer la forme que prendront ces activités. Par conséquent, les pratiques renvoient aux pratiques culturelles liées aux activités de lecture ainsi qu'aux valeurs, aux attitudes, aux sentiments et aux relations sociales que l'on associe avec la lecture. La perspective choisie, qui s'inscrit dans la démarche sociolinguistique adoptée dans ce volume, est de type socioculturel : elle postule que la lecture est une activité sociale et culturelle et non un phénomène individuel. Elle est maintenant connue comme la théorie de la pratique sociale (Barton & *al.*, 2007 : 15). Cette perspective qui considère la lecture comme une pratique sociale parce qu'elle est ancrée dans un contexte et dans une structure sociale, met l'accent sur l'idée que la lecture peut varier selon les réalités contextuelles.

II. La réalité sociolinguistique mauricienne : le contexte mauricien

L'île Maurice est connue pour son contexte sociolinguistique complexe. Cette situation a été commentée de manière détaillée dans les travaux de sociolinguistes mauriciens tels que Bissoonauth & Offord (2001), Rajah-Carrim (2003, 2005 & 2007) et Tirvassen (2000 & 2001). Un des traits majeurs de la réalité linguistique mauricienne est le fait que tous les enfants qui sont scolarisés ont à faire face à un choc linguistique. J'emploie le terme de « choc » pour rendre compte de l'état d'esprit des enfants quand ils commencent leurs études primaires puisque, alors que la grande majorité des enfants est créolophone, ils sont confrontés à l'anglais et au français à l'école. Par ailleurs, un nombre important d'enfants doivent apprendre une langue asiatique qui constitue aussi une autre langue étrangère pour eux. Non seulement ils doivent apprendre à lire et à écrire dans une langue qu'ils ne maîtrisent pas, mais la langue de transmission de connaissances est l'anglais, une langue qui leur est étrangère. Par ailleurs, l'écrit a une place majeure dans l'instruction publique mauricienne : les manuels scolaires ainsi que l'évaluation écrite constituent la pierre angulaire de l'éducation à Maurice.

Le développement de la littératie a été, dans ce contexte particulier, un des objectifs majeurs du système éducatif. Le *CPE Regulations and Syllabuses* de 2007[14] stipule clairement que les candidats mauriciens devraient pouvoir lire et comprendre un

[14] Il s'agit d'un document qui détaille le programme d'études du cycle primaire.

éventail de documents destinés à des élèves de 10/11 ans : des textes, des histoires, des documents contenant des informations, des poèmes et des chansons. Toutefois, les rapports des examinateurs de ces dernières années ont systématiquement souligné la baisse de niveau persistante et inquiétante dans la maîtrise de la lecture et de la rédaction. Dans un tel contexte, il n'est pas surprenant de constater que les rapports ont systématiquement recommandé aux enseignants d'encourager les enfants à lire à l'école primaire. Par exemple, le rapport de 2006 souligne que pour que des enfants puissent développer un vocabulaire riche, ils doivent lire pour le plaisir ou pour s'informer. Les deux rapports pour les épreuves d'anglais et de français pour l'année 2004 ont recommandé que les enseignants offrent des possibilités aux élèves de lire et d'écrire pour le plaisir (2005 : 5). Les mêmes constats sont faits dans le rapport du *British Council* pour l'année 2006 (Russel & Ingram-Hill, 2006 : 23) qui porte, lui, sur le profil que présentait, en anglais, un nombre important d'enfants des premières classes du secondaire : « La lecture, en anglais, pour le plaisir et pour les études est encouragée par le matériel disponible dans les bibliothèques de l'école, c'est-à-dire l'outil informatique, les magazines destinés aux élèves et les journaux. » La stratégie nationale de littératie et de numératie, lancée par le ministère de l'éducation en 2003, a étendu les heures de classe dans les écoles primaires de 25 minutes avec pour objectif d'aider les enfants qui quittent l'école à atteindre un niveau acceptable de littératie à la fin du cycle primaire (Auleear-Owodally, 2005). Dans l'échantillon d'activités proposé dans le guide des enseignants, la lecture constitue une des activités importantes, en particulier dans les classes terminales du cycle primaire.

Si les discours officiels valorisent et encouragent la lecture, dans la pratique, elle est plus problématique ainsi que l'ont montré des recherches menées auprès des enfants des écoles primaires. Une étude quantitative de grande envergure a été réalisée par le *Southern & Eastern Africa Consortium for Monitoring Educational Quality* (SACMEQ) dans un certain nombre de pays africains dont Maurice. Le SACMEQ a mené deux enquêtes et a produit deux rapports en 1998 et en 2003. Dans les deux enquêtes, des études de terrain ont eu lieu dans un échantillon de 159 écoles primaires. Dans la première étude, des données ont été recueillies auprès 3 180 élèves alors que la seconde a touché 3 174 élèves. Le constat majeur dégagé était que 56,3% (1998) et 66% (2003) des élèves de la sixième année du primaire étaient dans des salles de classe qui disposaient d'une bibliothèque ou d'un coin lecture, alors que 96% (1998) et 91% (2003) des témoins fréquentaient une école ayant une bibliothèque.

Ces données permettent de savoir que les enfants des écoles primaires de Maurice ont accès à des livres et, devraient, théoriquement, exercer des activités de lecture ; il faut souligner, en même temps, que la démarche quantitative adoptée ne montre pas la qualité et la pertinence des livres auxquels les témoins ont accès. Une étude de cas menée par Auleear-Owodally (2005) dans une école primaire a montré que même s'il y avait une bibliothèque de classe dans une école primaire où les données ont été recueillies, les livres se trouvaient dans une salle réservée aux leçons d'informatique. Par ailleurs, les livres destinés aux élèves de première année du primaire se trouvaient en haut d'une étagère dans une bibliothèque fermée à clef alors que les livres destinés aux élèves de la sixième année se trouvaient dans la première rangée de l'étagère. Enfin, les livres étaient assez vieux et ne correspondaient pas au niveau et à l'intérêt des élèves. Par exemple l'étagère réservée aux élèves de sixième année était remplie d'encyclopédies : les encyclopédies ne sont pas des livres qu'on lit pour le plaisir de lire. Auleear-Owodally arrive donc à la conclusion que l'approche quantitative adoptée ne permet pas de mettre en évidence les aspects qualitatifs de la lecture dans le contexte mauricien.

L'enquête menée par le SACMEQ comporte d'autres faiblesses : elle ne nous dit pas si les enfants avaient l'autorisation d'amener les livres à la maison et s'ils lisaient les livres à la maison ou à l'école. S'agissant de l'accès aux livres dans l'environnement familial des témoins, l'enquête montre que l'élève moyen en sixième année du primaire venait d'un milieu où il y avait 38 livres à la maison. Ce qui pose à nouveau problème avec ces données est l'absence d'informations précises au sujet de ces livres : on ne sait pas de quels types de livres il s'agissait. Puisque les témoins étaient en dernière année du primaire, il est possible que les manuels scolaires ainsi que les dictionnaires ont été comptés comme livres de lecture. Enfin, le rapport de 2003 affirme qu'il existe de nombreuses bibliothèques à Maurice et précise qu'elles sont fréquentées par les enfants et leurs parents. Toutefois, le rapport ne nous renseigne pas sur la fréquence des visites à ces bibliothèques ainsi que sur les types d'usages qui sont faits. De nombreuses personnes se rendent aux bibliothèques de la mairie pour lire les journaux alors que les enfants y vont entre les heures de classe et les cours particuliers pour terminer leurs devoirs.

Dans un contexte marqué par une absence de données de type qualitatif sur les pratiques de lecture, l'objectif fixé dans ce chapitre consiste à pallier, au moins pour partie, cette limitation. Je me bornerai exclusivement à l'école pré-primaire où je conduis des observations sur les pratiques de lecture dans lesquelles les élèves et les enseignants sont impliqués. Un certain nombre de raisons dictent ce choix : on peut raisonnablement décrire l'école pré-primaire comme la passerelle entre l'environnement familial et la scolarisation formelle. En 2003, dans le guide officiel rendu public par les autorités (*Pre-School Programme Guidelines*, désormais PPG), il est clairement établi que le rôle de l'école pré-primaire est « d'assurer la réussite de l'intégration de l'enfant dans cette phase transitoire devant le mener à l'enseignement primaire. » (PPG, 2003 : IV). L'école maternelle doit également équiper l'enfant adéquatement des compétences linguistiques nécessaires à l'enseignement primaire : le document signale d'ailleurs que les enfants qui ont bénéficié d'une scolarisation de bonne qualité dans le cycle pré-primaire ont plus de chances d'obtenir des notes élevées en lecture, en mathématiques et dans les langues (*language achievement*, PPG, 2003 : 4) que les enfants qui n'ont pas été scolarisés en maternelle. Dans le contexte local, l'école pré-primaire a hérité de la responsabilité de préparer les enfants mauriciens à faire la transition de leur L1 (en général le créole) aux langues de l'écrit (l'anglais et le français). L'école pré-primaire, par conséquent, initie les enfants à l'univers linguistique de l'école et aux littératies de l'école.

Compte tenu de la situation sociolinguistique mauricienne marquée par un contact limité des jeunes apprenants avec l'anglais et le français en dehors du contexte scolaire et en raison du fait que le système éducatif accorde une place primordiale à l'écrit en anglais et en français, il est utile de conduire des enquêtes visant à déterminer si les enfants s'intéressent à la lecture et s'ils sont impliqués dans des activités de lecture, un des piliers des systèmes éducatifs.

L'école pré-primaire est probablement le lieu où les enfants ont leur premier contact avec la lecture dans le contexte scolaire. Selon les statistiques officielles de 2006 (*Digest of Educational Statistics*), la grande majorité des enfants âgés de quatre ans (95%) fréquentent une école pré-primaire. Puisque les habitudes de lecture se développent à la suite du processus de socialisation à la maison et à l'école, on peut comprendre pourquoi on observe ce processus dans sa toute première étape ; en fait, on peut penser que les chercheurs et les décideurs de l'instruction publique peuvent intervenir de manière efficace à cette étape de la scolarisation.

Avant d'analyser les données sur les pratiques de lecture des élèves et des enseignants des écoles pré-primaires, je vais brièvement présenter le cadre théorique adopté dans ce chapitre.

III. Le cadre théorique

La lecture a été décrite dans la littérature sur la littératie comme un aspect important de l'exposé que les jeunes enfants ont avec les formes écrites et orales de la langue. Il y a différents types de lecture que l'on décrit dans la littérature : la lecture de livres d'images (Arnold & Whitehurst, 1994), la lecture partagée (Holdaway, 1979) et la lecture dialogique (Whitehurst & *al.*, 1994 & 1999) pour ne mentionner que quelques-uns. La lecture aux enfants offre également quelques avantages. Par exemple, la recherche sur les premières expériences que les enfants ont avec les livres d'histoire montrent que la lecture développe leur sensibilité au matériel imprimé, le développement de techniques de décodage et l'acquisition du vocabulaire (Jordan & *al.*, 2000). Plus spécifiquement, Elley & *al.* (1996) ont soutenu que la lecture partagée offre des modèles de la norme standard, procure du plaisir, permet à l'apprenant de se centrer sur la signification et enfin l'initie à la participation aux activités d'apprentissage. C'est la raison pour laquelle la lecture a constitué un aspect majeur d'un certain nombre de programmes scolaires, particulièrement dans des pays développés comme les États-Unis. Un de ces programmes est *Head Start* dont une composante importante est la lecture.

Toutefois, à partir de recherches menées à Singapour, Sriparthy (1998) a indiqué que la culture de la lecture est une caractéristique de familles européennes appartenant à la classe moyenne. C'est la raison pour laquelle il affirme que les pratiques de lecture doivent être analysées et évaluées en prenant en compte la complexité et la dynamique de chaque contexte.

Bien que j'estime qu'il y a de nombreuses recherches sur l'impact de la lecture sur le langage des enfants et sur leur développement cognitif, alors même que je reconnais l'importance d'une prise en compte des aptitudes cognitives sous-jacentes à la pratique de la lecture, questions que j'ai moi-même abordées ailleurs (Auleear-Owodally, 2008), je vais adopter, ici, une posture théorique différente. Dans ce chapitre, j'adopte une démarche que l'on appelle approche de la pratique sociale (Barton & *al.*, 2007 : 17) puisque l'objectif de cette étude consiste à décrire et à analyser les pratiques de lecture d'un groupe d'enfants et d'enseignants d'une école pré-primaire en prenant en compte leur écosystème, c'est-à-dire leur environnement social et culturel. Bien que cette perspective ait été adoptée dans des enquêtes conduites auprès d'adultes impliqués dans des projets d'apprentissage de la lecture dans des pays avancés (Barton & *al.*, 2007) et en voie de développement (Prinsloo & Breier, 1996), les techniques utilisées par Bloch (2006) ont inspiré des chercheurs tels que Prinsloo (2005) qui ont mené des observations sur les pratiques de littératie en Afrique du Sud. Cette approche de la question de la littératie qui connaît un intérêt croissant dans des pays comme l'Afrique du Sud, a montré que la culture de la lecture dans des pays en voie de développement peut être spécifique à ces pays et doit donc être décrite et analysée dans toute la complexité que présente chaque contexte spécifique.

L'approche sociale par rapport à la lecture et à l'écrit considère ces activités comme des pratiques sociales qui ne peuvent être dissociées de leur contexte et que la situation rend variables. Cette approche insiste sur le fait que la lecture et l'écrit émergent et se développent dans des contextes sociaux, culturels, historiques, politiques et linguistiques spécifiques. Cette perspective par ailleurs met l'accent sur les fonctions de la lecture, l'usage qu'on en fait, les valeurs qu'on lui associe ainsi que les significations sociales qu'on lui attribue qui sont tous enracinés dans des points de vue globaux. Les études ethnographiques de Heath (1983) et Street (1984) ont montré clairement que les pratiques littéraires varient selon les contextes. Leur travail a aussi montré que les points de vue que les gens développent au sujet de la littératie sont déterminés par le contexte.

Partant du principe esquissé ci-dessus, on peut conclure que les pratiques de lecture sont déterminées par le contexte social et culturel dans lesquels elles s'inscrivent : une compréhension de ces contextes peut être importante au plan éducatif et pédagogique. Cette perspective théorique a deux implications. D'abord, elle nous permet de prendre conscience du fait que la compréhension des complexités du contexte dans lequel les pratiques de lecture ont lieu est incontournable pour comprendre ces pratiques ; c'est un élément crucial pour les décideurs. Ensuite, ce point de vue théorique accorde une importance considérable aux enquêtes de type qualitatif où les pratiques quotidiennes des témoins, les représentations qu'ils font de ces pratiques ainsi que les attitudes et les sentiments développés sont au centre de l'observation du chercheur.

IV. Conception de la recherche et méthodologie

En l'absence de données qualitatives sur les pratiques de lecture chez les élèves et les enseignants mauriciens, une étude de cas auprès des apprenants et des enseignants d'une école pré-primaire a été conduite. Le choix d'une démarche qualitative a été dicté par notre volonté de contribuer à une compréhension plus adéquate des réalités sociales ; par ailleurs, une telle démarche éclairerait les processus, les caractéristiques majeures ainsi que les aspects structurels de telles réalités. Il nous paraît utile de signaler, dès le départ, que les données qui ont servi à cette recherche ont été obtenues à la suite de travaux de terrain réalisés dans le cadre de la préparation d'une étude doctorale sur la littératie émergente d'enfants des écoles maternelles à Maurice. Ces observations ont été conduites en 2005 ; on a préféré conduire une étude de cas en raison de la nature exploratoire du champ d'études. Les données auxquelles je ferai référence ont été sélectionnées à partir de la réflexion que je compte mener sur le processus de socialisation caractérisant l'entrée dans la langue écrite des enfants des écoles maternelles, le préalable à l'éducation formelle amorcée dans une langue différente de celle de l'environnement familial dès le début de l'enseignement primaire.

Les données ont été recueillies dans une école pré-primaire que je vais désormais désigner sous le nom de PPA. PPA se trouve dans une région urbaine et est rattachée à une école primaire du gouvernement si bien que les enfants se retrouvent dans la même enceinte que les élèves du cycle primaire. Après leurs études pré-primaires, les enfants sont ensuite admis à l'école primaire. Une des raisons pour lesquelles cette école a été choisie est l'appartenance sociale des parents des enfants : pour la plupart, ce sont des maçons, des enseignants de *madrassahs*, des femmes de ménage et des boulangers. Ils sont, par conséquent, représentatifs d'une grande partie de la population mauricienne. Au moment où l'on recueillait les données, il y avait trois enseignantes dans la section pré-primaire de l'école : elles seront désignées comme T1, T2 et T3. Ce sont des enseignantes de sexe féminin qui ont été scolarisées jusqu'aux classes terminales du cycle secondaire et ont bénéficié d'une formation professionnelle. Elles ont entre 16 et 19 ans d'expérience dans l'enseignement pré-primaire. Ces trois enseignantes sont des locuteurs natifs du créole et elles emploient cette langue dans leurs interactions quotidiennes au sein de leurs familles et entre amis bien qu'elles aient des compétences variables en anglais et en français.

Parce que je conduisais une étude longitudinale, je passais toute une matinée à PPA une fois par semaine pendant toute l'année 2005. Le choix d'une démarche qualitative m'a permis d'observer, de décrire dans toute sa globalité et dans son contexte naturel la réalité observée (Chilisa & Preece, 2005 : 140 ; Johnson, 1992 : 144 ; Nunan, 1992 : 53) « de l'intérieur », en conservant le point de vue des acteurs qui participaient aux activités qui faisaient l'objet de notre investigation (Flick & *al.*, 2004 : 1).

J'avais un statut d'observateur-non-participant à PPA (Chilisa & Preece, 2005 : 155). Je tentais de limiter mes interventions autant que possible même si je n'adoptais pas une posture totalement passive (Spradley, 1980) – je me joignais à toute la classe pour le déjeuner, mais j'évitais de participer aux activités pédagogiques. Je me plaçais dans un coin de la salle de classe avec une caméra-video et un enregistreur. J'utilisais l'enregistreur pour les échanges oraux, alors que la camera enregistrait les interactions orales et le visuel. S'agissant de l'enregistrement vidéo, je ne m'intéressais pas aux enseignants et aux apprenants mais aux activités dans lesquelles ils étaient impliqués et qui me permettaient d'avoir des données sur l'enseignement offert. J'ai transcrit les données, pris des notes sur le comportement non-verbal des témoins et en même temps j'ai pris des photos des artefacts. Par ailleurs, j'ai interviewé les enseignants à la fin de l'année. Les questions posées portaient sur leur profil éducatif, leur formation, leurs pratiques langagières ainsi que leurs usages des langues à l'école et en dehors du contexte scolaire. Les entretiens devaient me permettre d'avoir une compréhension plus affinée des rapports entre l'appartenance sociale des enseignants et leurs pratiques pédagogiques et pratiques de lecture en classe.

V. Les constatations

Les principaux constats dégagés sont résumés ci-dessous avant qu'ils ne soient interprétés et analysés plus loin.

V.I. La bibliothèque

S'agissant de son infrastructure, il est nécessaire de signaler que PPA dispose d'un espace limité qui peut être confondu avec la bibliothèque d'une salle de classe.

Bien que cette salle soit petite, elle contient des étagères utilisées pour séparer la bibliothèque de la salle de classe du reste de la salle et en même temps pour exposer de manière visible un certain nombre de livres. Le coin bibliothèque contient une table et quelques chaises prêtes à accueillir six élèves à la fois. La bibliothèque de classe contient entre 100 et 150 livres en français et en anglais.

Selon les enseignants de PPA, la bibliothèque de la classe remplit plusieurs fonctions : elle est utilisée pour aider les élèves à développer une familiarité avec le livre, pour développer le langage des enfants et, enfin, pour illustrer et copier des activités. 7 sessions du « coin bibliothèque » sont programmées pendant l'année, et elles figurent une fois par mois dans le plan de travail quotidien des enseignants. Ces sessions sont décrites par les enseignants dans leur plan de travail de la manière suivante :

Tableau 1 Le plan quotidien : l'activité du coin bibliothèque

Date	Activité	But de l'activité	Procédures pour les activités
8.4.05	La lecture, le coin bibliothèque	L'enfant doit pouvoir observer un livre	1) Les enfants sont dans un coin bibliothèque 2) Ils choisissent un livre 3) Le professeur explique comment tourner la page et comment prendre soin d'un livre

Ainsi que cela apparaît dans le plan de travail des enseignants et confirmé dans les entretiens réalisés après les observations, ces sessions servaient surtout à apprendre aux enfants à placer le livre devant eux, à leur montrer la manière dont il fallait tourner les pages et comment prendre soin d'un livre. De mon point de vue, ces sessions servaient surtout à présenter le livre comme un objet matériel aux enfants.

V.II. L'utilisation du livre dans la salle de classe

Bien que la bibliothèque de la classe soit une réalité matérielle à l'école PPA, les observations réalisées indiquent que les livres ne sont pas souvent utilisés dans la classe, que ce soit pour des activités de toute la classe ou pour celles concernant de petits groupes d'élèves. Si l'on se fonde sur les enquêtes conduites pendant une année dans la PPA, les livres ont été utilisés en trois occasions. Une première fois, T2 a eu recours à un livre pour montrer aux enfants la photo d'une tortue quand ce reptile était le thème de la leçon. Une deuxième fois, lorsque le thème était les animaux sauvages, T1 a lu un court extrait d'un livre sur les crocodiles. Tous les enfants se sont réunis autour de l'enseignante dans un grand cercle et la maîtresse a posé des questions au sujet des animaux sauvages. Ci-dessous, le déroulement de la leçon de lecture :

1 2 3 4 5 6	T1	(Montre le livre avec les images des crocodiles. T1 lit le livre silencieusement et ensuite commence à parler) Crocodile, on voit ça dans les rivières. Les grandes rivières. Dans de l'eau douce, on appelle ça les enfants. (T1 lit un extrait du livre) « de respirer et d'entendre ce qui se passe aux alentours, alors que leur corps est sous l'eau ». *Alors zot le corps, bane zenfants,* (= Alors, leur corps les enfants) le corps du crocodile reste sous l'eau. La tête est en haut comme ça. *Ki li pé rode là zenfants ?…* (= qu'est-ce qu'il cherche là les enfants[15] ?)
7	S	*Dimoune.*(= des gens)
8	T1	Oui, *li pé rode quiquechose pou li man* (= oui, il cherche quelque chose à man)
9	SS	*gé !*
10 11 12	T1	(Lit du livre) « il est très long, sept mètres de long. Ils se nourrissent d'animaux qui viennent boire à la rivière ». Alors il y a d'autres animaux qui viennent boire dans la ri-
13	SS	-vière!
14 15 16	T1	Alors le crocodile il lève toujours la tête. Écoute. Et comment je vais faire la classe comme ça ? Il lève toujours la tête en haut, pour surveiller ces animaux qui viennent boire de l'eau dans la rivière et *kap* ! Qu'est qu'il fait ?
17	S	*Manze li* (= le manger)
18	T1	Oui, l'animal qui vient boire de
19	Ss	l'eau!
20	T1	*Reads silently*
21	S	*Crapo aussi li manzé* (= il mange aussi les crapauds)
22 23 24	T1	*Li trappe zanimo la, zenfants, li risse li dans de l'eau, li noye li,* *et puis li mange li* (= Il attrape l'animal, les enfants… il le traîne dans l'eau… il le noie et ensuite il le mange…) (Lit silencieusement et ensuite montre la photo du crocodile.) Il y a ça, crocodile, animal sauvage et puis (tourne la page du livre et montre le serpent) il y a ça !
25	S	Serpent
26	T1	Les reptiles ça. Les reptiles. Ça rampe. C'est long.
27	T3	Écoutez, vous autres.
28	T1	Écoutez, vous voulez écouter l'histoire d'un serpent ?

[15] Seuls les énoncés en créole ont été traduits.

29	Ss	Oui.
30 31 32 33	T1	Écoutez. Les reptiles n'ont pas de pattes, Ils rampent. (Lit du livre) « Les reptiles sans patte, ce qui ne les empêche pas de se déplacer/rapidement ». *Malgré li pénan la patte, zenfants li rampé très vite et li allé très vite comme ça. Li glisse en* (= Bien
34 35 36		qu'ils n'aient pas de pattes, les enfants, ils rampent très vite et ils vont très vite comme ça. Il glisse en (lit du livre) « appuyant fortement sur les flancs/sur les flancs, sur les/…., en appuyant les flancs sur le sol d'un côté puis de l'autre. Certains savent même grimper aux arbres » *Ki sa veut dire ça ?* (= qu'est-ce que ça veut dire ?) Le serpent aime grimper aux arbres ?
37	S	*Li monté* (= il monte)
38	T1	Monte sur quoi ?
39	S	*Pied*
40 41 42 43 44 45 46 47 48	T1	Sur l'arbre. Oui. (*Reads*) « D'autres/nagent avec aisance. D'autres sait [sic] nager aussi. A peine sorti de l'œuf, le petit serpent connaît se conduire comme un grand ». Le petit serpent, comment *li été, zenfants*, (= comment il est les enfants ?) il est grand. Il sait se conduire comme un grand. « Il sait trouver sa nourriture tout seul ». Et Areeba ! « Il sait trouver sa nourriture tout seul, sait comment réagir face au danger. Les serpents veni-ve-ni-meux – n'ont besoin d'aucun apprentissage pour commencer à mordre ». *Malgré zot petits, zenfans, comment zot fine né zot ine commence mordre dimounes. Zot commence mordre ce ki zot gagné.* (= Bien qu'ils soient petits les enfants, dès qu'ils naissent, ils commencent à mordre les gens) Vous avez déjà vu à la télévision le Monde des Animaux ?
49	Ss	Oui.
50 51	T1	Oui. Il faut regarder. On a beaucoup à apprendre dedans. (*Tourne les pages*). Hein regardez, *zenfants*, ça aussi ce sont des animaux sauvages. C'est quoi ça ?
52	Ss	*Zako* (= des singes)
53	Ss	Singe.
54	S	*Zako la li reste dans l'espace li* (= les singes, ils vivent en plein air)

55 56	T1	Non. *Zako* on dit singe, et singe vit dans la forêt, et pas dans l'espace. Oui dans la forêt.
57	S	*Li grife.*
58	T1	Oui. Vous avez vu au Casela.
59	Ss	Oui.
60	T1	*Ki zot ti pé faire bane singe là ?* (= qu'est-ce qu'ils faisaient lessinges ?)
61	S	*Tire lipou* (= enlever les poux)
62	T1	*Ti pé tire li poux*. Oui. (= enlever les poux ? Oui)
63	S	*Moi mo ti trouvé quand mo ti alle Grand Bassin.* (= Moi, je l'ai vu quand je suis parti à Grand Bassin)

Cette session de lecture montre de manière nette le contact des langues quand les enfants et leur maîtresse se rencontrent et sont en interaction dans la salle de classe de cette école pré-primaire. Une observation attentive de l'extrait ci-dessus nous permet de faire un certain nombre de remarques. D'abord, il est évident que les enfants de PPA sont des locuteurs du créole mais disposent d'une compétence passive en français. Puisque le créole mauricien est à base lexicale française et puisque les médias (en particulier les dessins animés) sont en français, les enfants sont en contact avec cette langue et sont en situation d'apprentissage informel devant leur poste de télévision. Toutefois, quand les professeurs leur posent des questions, ils répondent surtout en créole, leur langue de communication, quelle que soit d'ailleurs la langue dans laquelle la question a été posée. En revanche, dans cet extrait, les enseignants montrent une préférence pour le français, la langue de communication pédagogique. Mis à part quelques occasions où T1 emploie le créole pour simplifier le texte pour les enfants (ln 5-6-8) ou pour leur expliquer des concepts complexes (ln 22, 30), les enseignants manifestent une préférence pour le français, la langue de communication pédagogique. Ceci donne lieu à des échanges marqués par le recours au *code-switching*. Par ailleurs, cet extrait illustre la valorisation du français : les enseignants sont probablement d'avis que le français est la langue la plus appropriée pour la salle de classe. De telles données confirment le constat effectué par Robillard (1991) au sujet de l'attraction éprouvée pour le français dans le contexte local. Les enseignants toutefois tolèrent le créole en répondant aux questions que les enfants leur posent en créole mais, quelquefois, ils reformulent la question en français quand ils le jugent nécessaire. Par exemple, T1 donne l'équivalent *arbre* (ln 40) probablement parce que le terme créole *pied* n'a pas le même sens que son homonyme « pied » en français. Par ailleurs, T1 donne l'équivalent de *zako* (« singe ») parce que le terme créole a une connotation péjorative.

Revenons à la classe de lecture. On a pu observer que lorsque cette leçon se déroulait surtout en français, la langue du livre, l'enseignant basculait souvent en créole pour des explications, pour simplifier des formulations complexes ou pour rendre compte de ses interprétations. Ce *code-switching* peut d'abord s'expliquer par la langue dans laquelle le livre est écrit puisque le français n'est ni la langue des enfants ni celle dans laquelle les enfants se sentent à l'aise, cela, d'autant plus que le langage de l'encyclopédie n'est pas accessible aux enfants. Même si le livre choisi était approprié au thème de la leçon, il ne convenait pas aux enfants compte tenu de leur âge, de leur compétence langagière et de leur développement cognitif. On peut noter la présence de mots comme « venimeux » dans le texte lu par l'enseignant. Il faut également signaler que l'enseignant s'est arrêté quelquefois et a lu silencieusement, ce qui montre qu'il s'agissait sans doute d'une leçon spontanée et non préparée à l'avance.

La troisième fois où un livre a été utilisé était, apparemment, lors d'une activité de lecture d'un livre d'histoire qui n'avait pas été planifiée à l'avance. Durant une de mes visites, le Conseiller Pédagogique (*Teacher Educator Supervisor*) était venu inspecter le travail de l'enseignant. T1 venait de finir une session de mathématiques avec les enfants un peu plus âgés et leur avait donné un travail à faire. Elle a alors emmené les plus jeunes enfants à la bibliothèque et leur a lu quelques pages d'un conte de fées en français. Une observation du plan de travail de la maîtresse montre que cette activité n'était pas planifiée à l'avance. L'enseignante a tout simplement emmené les jeunes enfants à la bibliothèque de classe, a choisi un conte de fées en français et leur a lu quelques pages. Cette brève activité de lecture était marquée par de fréquents recours au *code-switching* puisque l'enseignante lisait le texte en français et utilisait le créole pour restituer le contenu du texte ou pour des commentaires.

Dernière remarque, dans les deux activités de lecture, les enseignants ont lu des extraits de livres en français plutôt qu'en anglais en dépit du fait indéniable que l'anglais est la langue de structuration des connaissances dans le cycle primaire. En revanche, les enseignants rédigeaient leur plan de travail quotidien (tableaux 1 et 2) et leurs plans hebdomadaires en anglais.

V.III. L'activité de lecture d'un livre d'histoires

S'agissant de la lecture des livres d'histoires, les données révèlent un écart entre les sessions de lecture d'histoires prévues dans les *weekly plans* et le nombre de sessions réellement conduites, ce qui nous permet d'affirmer qu'il y avait très peu de textes d'histoires à l'école PPA.

Si l'on se fie au plan de travail des enseignants, on peut affirmer que 10 sessions avaient été prévues le long de l'année, au rythme d'une session, en moyenne, par mois.

Des histoires spécifiques étaient mentionnées dans le plan de travail hebdomadaire pour les trois premières sessions : *Le Petit Poucet*, *Les Trois Petits Cochons* (des classiques de la littérature enfantine). Pour les sept sessions restantes, il était uniquement question d'une activité de lecture d'histoires sans précision quant au sujet de l'histoire qu'on allait lire. Les plans quotidiens, de manière générale, décrivent ces activités ainsi :

Tableau 2 Le plan quotidien : l'activité de narration d'une histoire

Date	Activité	But de l'activité	Les étapes de l'activité
17.06.05	Dire une histoire	L'apprenant doit être capable d'écouter et de répondre aux questions.	1) Les apprenants s'assoient en demi-cercle. 2) L'enseignant raconte l'histoire en utilisant un livre. 3) Il écrit des questions tout en racontant l'histoire. 4) Les apprenants répondent aux questions.

Pendant les entretiens qui ont eu lieu après les observations, à la question sur le nombre de fois où ils disaient ou lisaient une histoire, T1 répondait « chaque vendredi », T2 « une ou deux fois par semaine » et T3 « une fois par mois ». Les réponses fournies par les enseignants sont révélatrices à plus d'un titre. Tout d'abord, ces réponses indiquaient qu'ils étaient conscients de l'importance d'inclure des activités de lecture dans le plan officiel de travail une fois par semaine. Le fait de mentionner l'activité de lecture d'un livre d'histoires correspond aux principes énoncés dans le PPG de 2003 et aux consignes données dans le guide de formation destiné aux enseignants : ces deux documents signalent l'importance de la lecture fréquente de livres d'histoires dans les écoles pré-primaires. Ensuite, les réponses fournies par les enseignants montrent qu'ils n'étaient pas tous d'accord sur la fréquence de cette activité : il existait donc un écart entre le curriculum officiel et celui qui était effectivement mis en œuvre dans les écoles.

Finalement, les affirmations des enseignants au sujet de la fréquence des activités de lecture ne correspondaient pas réellement à leurs plans de leçons. En réalité, s'ils précisaient, dans le plan hebdomadaire, qu'ils allaient conduire dix sessions de lecture de livres d'histoires et s'ils affirmaient qu'ils allaient réaliser de fréquentes sessions d'activités de lecture de livres d'histoires, on pouvait constater que ces activités, bien que programmées, n'avaient pas eu lieu. Par exemple, lors d'une de mes visites, j'ai demandé quelle était l'histoire qui avait été lue la veille, T1 m'expliqua qu'elle avait à peine eu le temps de le faire puisque le jour précédent avait été le premier jour après les vacances de Pâques.

Puisque mes visites régulières à PPA ne coïncidaient pas avec les sessions de lecture de livres d'histoires, j'ai fait des arrangements avec T1 pour pouvoir assister à une des activités de lecture un vendredi après-midi en septembre 2005. La séquence de cette activité de lecture d'un livre d'histoires se déroulait ainsi. T1 est d'abord allée au coin bibliothèque et elle a choisi de lire un conte de fées classique *Blanche Neige et les Sept Nains*. Elle a alors pris son groupe d'élèves, au nombre de 14, pour l'activité de lecture, alors que les autres apprenants (ils étaient 38) poursuivaient leurs activités dans la même salle, ce qui créait un bruit nettement perceptible. Puisqu'il n'y avait pas assez d'espace pour tous les élèves dans la bibliothèque, on a demandé aux enfants de déplacer leurs chaises et de les mettre en demi-cercle dans un coin de la salle de classe. Il est intéressant de noter qu'en plaçant les enfants tout autour d'elle, T1 suivait les consignes fournies par le guide destiné aux enseignants. T1 commença la session de lecture en demandant aux enfants s'ils connaissaient quelques histoires et si leurs parents leur en avaient déjà lu une. La plupart des enfants dirent qu'on ne leur avait jamais lu d'histoire à la maison ; certains ont cependant affirmé qu'on leur racontait des histoires. Deux enfants ont mentionné *Le Petit Chaperon Rouge* et *Pinocchio ;* un enfant a précisé qu'on lui avait lu une histoire à la maison mais qu'il ne lui était pas possible de raconter l'histoire *Les Trois Petits Cochons* à ses amis. Les réponses données par les enfants montrent que la lecture n'était pas une activité fréquente à la maison. T1 a alors placé un conte de fées sur ses genoux et a commencé à lire le livre. La session de lecture était caractérisée par de fréquents passages au créole pour expliquer l'histoire, une stratégie évoquée ci-dessus. T1 s'arrêtait de temps en temps pour poser des questions (en français et en créole) afin de vérifier si les enfants comprenaient. T1 a aussi changé le ton de sa voix quand elle imitait la belle-mère de Blanche Neige. Elle n'a lu qu'un tiers de l'histoire puisque après 20 minutes, les enfants montraient des signes de fatigue ; elle les a alors informés que la suite serait lue le mardi suivant. On peut noter à nouveau que le professeur a choisi un livre français et que les élèves ont aussi précisé que les livres qui leur ont été lus à la maison étaient en français.

VI. Discussion

Une des limites de cette observation réalisée pendant toute une année est que j'étais à l'école une seule fois par semaine ; le temps passé à l'école peut être insuffisant pour pouvoir observer toutes les activités de lecture conduites. Toutefois, on peut raisonnablement avancer que, bien que l'école soit équipée d'une bibliothèque de classe, bien que le programme d'études reconnaisse l'importance de la lecture, bien que les enseignants des écoles pré-primaires aient intériorisé l'idée que la lecture est une activité importante ainsi que cela apparaît dans les plans de travail hebdomadaires préparés par eux, les activités de lecture ne sont pas inscrites dans les pratiques de classe. Par conséquent, on peut dire qu'il y a un écart entre d'une part le programme d'études du pré-scolaire qui recommande des activités quotidiennes de lecture de livres d'histoires, la programmation des activités qui montre que dix sessions de lecture de livres d'histoires doivent être conduites chaque année et, d'autre part, ce qui se passe réellement dans les salles de classe puisqu'on a constaté que moins de dix sessions avaient eu lieu cette année-là. Par conséquent, on peut affirmer que les enfants ne bénéficient pas d'une préparation adéquate pour affronter un enseignement primaire où l'imprimé occupe une place majeure.

L'étude de cas réalisée montre que dans une école pré-primaire en 2005, il existe une insuffisance d'activités de lecture de livres d'histoires comme c'est le cas dans d'autres contextes post-coloniaux comme l'enseignement pré-primaire sud-africain (Bloch, 1999 : 53). Il serait simpliste, après ces constats, de rendre les enseignants responsables de l'écart entre la politique et la pratique. En fait, l'approche de la pratique sociale qui vise à décrire, à comprendre et à expliquer les activités de lecture, pose que celles-ci doivent être inscrites dans le contexte dans lequel elles ont lieu. Dans la littérature limitée aux pratiques de lecture dans les pays en voie de développement, l'absence d'une culture de la lecture que l'on comprend comme « l'art de transmettre des habitudes de lecture à travers un environnement propice à la lecture » (Olaofe, 2003 : 96) est souvent posée comme le facteur majeur qui influence les pratiques de lecture : de nombreuses raisons sont citées pour expliquer ce phénomène. Quelques-unes des raisons évoquées pour expliquer la pauvreté de la culture de la lecture sont analysées ci-dessous.

VI.I. Le manque de livres adéquats dans la bibliothèque de classe

Dans un contexte où l'accès des apprenants à une bibliothèque et aux livres est bénéfique au développement de la littératie, le manque de livres dans les bibliothèques des écoles[16] a été posé comme un des facteurs qui contribuent aux activités limitées de lecture dans des salles de classes.

Neuman & *al.* (2001 : 9) affirment que la possibilité que les enfants utilisent des livres et participent à des activités liées à des livres est élevée quand il y a un endroit spécial leur permettant d'éprouver du plaisir avec les livres, alors que Elley (1991) affirme que la présence d'un nombre suffisant de livres dans une

[16] Arua & Lederer, 2003: 28 ; Egbe & Uwatt, 2003 : 113 ; Greaney, 1996: 22.

bibliothèque est un pré-requis essentiel à la lecture par les élèves ou par les enseignants pour les élèves. Selon Krashen (2002, 2003) et Morrow (2003), des élèves dans des salles de classe avec des bibliothèques lisent 50% plus de livres que les enfants qui se trouvent dans des salles de classe où il n'y a pas de livres. L'accès à des bibliothèques de classe est encore plus important pour des apprenants de la langue anglaise (Chambliss & McKillop, 2000, cités par Vardell & *al.*, 2006).

Bien que la bibliothèque de la classe/de l'école soit une partie importante de la culture éducative de l'école dans un pays développé, on a noté que l'accès aux livres dans les pays du Sud est limité. Par exemple, dans de nombreuses écoles africaines, le manque de matériel de lecture est un problème sérieux, puisque quelque 80% d'écoles n'ont pas de bibliothèque (Garson, 1998 cité dans Murray, 2002 : 442). De la même manière, Banda (2003 : 123) décrit le manque de bibliothèques/de matériels de lecture dans des communautés/écoles noires/rurales et soutient que ce manque aboutit à une pauvreté dans les stimuli littéraires, ce qui fait que les apprenants de ces régions n'ont pas les littératies de l'école nécessaires pour leur scolarisation[17]. Un tel constat a des implications pour le développement de la littératie initiale et aussi pour les pratiques littéraires associées aux pratiques scolaires de manière générale (Francis, 2000). Se limitant aux écoles sud-africaines, Bloch (2000 : 193) affirme que la majorité des classes dans les écoles maternelles ne sont pas des endroits où l'on trouve des livres d'histoires parce que les livres sont perçus comme périphériques et non essentiels au développement de la littératie et parce que la plupart des enseignants ont été formés pour enseigner la lecture sans utiliser des livres. C'est en prenant en compte d'une part l'importance de l'accès aux livres pour le développement de la littératie et, d'autre part, l'accès limité aux livres dans les pays en voie de développement que nous devons évaluer l'absence de livres de lecture à l'école PPA. Est-ce que le manque de livres de lecture explique pourquoi les enseignants de la PPA ne lisent pas des livres aux enfants régulièrement ?

Le manque de livres d'histoires pourrait, en effet, expliquer pourquoi les enseignants de PPA ne lisent pas régulièrement aux

[17] Banda & *al.*, 1998 ; Gough, 2000 ; Gough & Bock, 2001.

enfants. Toutefois, PPA a une bibliothèque de classe contenant entre 100 et 150 livres. Par ailleurs, le 25 février 2005 (je me fonde ici sur des notes des enquêtes de terrain), T1 a précisé que les livres de la bibliothèque étaient assez vieux et qu'elle attendait de nouveaux livres de l'organisme semi-gouvernemental responsable des écoles maternelles. Lors de différentes visites que j'ai effectuées à l'école, elle a exprimé ses préoccupations au sujet de l'absence de nouveaux livres. Parce que les livres n'étaient toujours pas arrivés en mai, j'ai proposé d'acheter de nouveaux livres pour la bibliothèque. Le 31 mai 2005, j'ai emmené T1 dans une librairie proche de son école et elle a personnellement choisi des livres et des cassettes audio pour les élèves. Parmi les livres choisis il y avait des histoires en images, des fictions classiques en anglais et en français et quelques gros livres. Lors de ma visite suivante (notes prises le 7 juin 2005), j'ai noté que les livres avaient été disposés de manière attrayante dans le coin bibliothèque. Durant les autres visites que j'ai effectuées à PPA, je n'ai remarqué aucun indice m'indiquant que les livres avaient été utilisés. Si les livres avaient été utilisés, on le faisait pour les activités de « littératie fonctionnelle » où les enfants prennent un livre et copient ce qui est écrit sur la couverture ; cette activité se déroule quand les enfants sont libres et que certains choisissent d'aller jouer.

Pour en revenir au nombre de livres dans la bibliothèque de classe de PPA, il serait intéressant d'établir des rapprochements avec une affirmation de l'*International Reading Association* (1999b), qui précise que selon les normes euro-américaines, il devrait y avoir 7 livres par enfant dans une bibliothèque de classe. Dans ce contexte, le fait que PPA avait quelque 100-150 pour 52 enfants (une moyenne de 2-3 livres par enfant) peut être perçu comme une moyenne tout à fait raisonnable pour un pays en voie de développement. Maurice ne peut pas être vraiment classé comme un pays en voie de développement car le terme de « famine de livres » (Walter, 1996 : 133) employé pour désigner une absence de matériels de lecture ne s'applique pas à ce qu'on a constaté. Toutefois, les données de la PPA permettent d'avancer que la présence de livres ne signifie pas nécessairement que les enfants et les enseignants vont les lire véritablement, vont développer des habitudes de lecture et surtout une culture de lecture. Une étude conduite par Auleear-Owodally (2005) auprès des élèves en cinquième année du primaire dans deux écoles primaires (dont les élèves en cinquième année de la section primaire de PPA) a montré que la présence de livres dans la bibliothèque d'une école ne signifie pas que les enfants vont les utiliser régulièrement. De la même manière, Commeyras & Inyega (2007 : 269), qui ont mené une enquête au Kenya affirment également que la disponibilité de matériels de lecture ne garantit pas leur usage fréquent. L'expérience de Dlamini (2003) auprès des élèves d'une école secondaire du Swaziland – où elle a offert l'accès à des livres – a aussi montré que les élèves ne développent pas une culture de la lecture même s'ils sont en contact avec les livres. Dlamini précise que l'expérience n'a pas réussi parce qu'elle avait été réalisée trop tard dans la vie des enfants et que la même expérience doit être conduite auprès des élèves plus jeunes si l'on veut développer, chez eux, cette culture de la lecture. L'expérience de PPA est aussi un exemple. Elle montre que dans une situation dans laquelle les enseignants sont lettrés, disposent du matériel de lecture et surtout ont à développer, auprès de jeunes enfants, une culture de la lecture, ils ne le font pas. Ce constat signale la nécessaire distinction qu'il faut établir entre l'illettrisme, l'incapacité de lire, et l'alletrisme, l'absence des habitudes de lecture. Cette constatation appelle des réflexions au sujet des raisons qui pourraient expliquer cette absence d'une culture de la lecture.

VI.II. L'adéquation des livres au public

Mis à part la disponibilité de matériel de lecture, on a postulé que l'absence de pratiques de lecture peut s'expliquer par l'inadéquation du matériel aux besoins d'une bibliothèque de classe. C'est en tout cas l'objet de la réflexion que l'on mène ci-dessous.

L'absence de pratiques de lecture a souvent été associée à la présence de livres qui ne sont pas adaptés, au plan linguistique, à la bibliothèque d'une salle de classe. En fait Elley (1996) a remarqué que de nombreuses bibliothèques scolaires ne contiennent pas de livres d'histoires dans la langue première des apprenants. C'est le cas de la PPA, où la bibliothèque de classe est remplie de livres en anglais et en français, des langues secondes ou étrangères pour les enfants, mais ne contiennent aucun livre en créole. Cette situation reflète la réalité des langues à Maurice puisque les seuls livres que l'on peut trouver dans les bibliothèques, en général, sont en anglais et en français. Bien des raisons peuvent expliquer cet état de fait ; elles sont d'ordre pratique (l'indisponibilité de livres en créole, comparé à la disponibilité de livres en anglais et en français), financières (il est économiquement plus rentable d'investir dans des livres en anglais et en français que dans des livres en créole, cette langue ne disposant pas d'un lectorat) mais elles peuvent aussi relever des attitudes linguistiques (la valorisation des langues européennes). Ceci signifie que les enfants ont accès à des livres dans des langues qu'ils ne maîtrisent pas véritablement. Cette situation n'est pas atypique par rapport à l'ensemble du contexte africain. Banda (2003) et Bloch & Edwards (1999) affirment qu'il y a des stocks de livres en langues africaines en Afrique du Sud mais que personne ne veut les acheter. Un contexte dans lequel il y a plus de matériels dans les langues européennes que dans les langues locales en dehors de la salle de classe oblige le lecteur moyen à faire des efforts pour lire, de manière laborieuse, des textes dans des langues dans lesquelles ses compétences sont relativement limitées. Par conséquent, la lecture ne peut être cette activité qui procure le plaisir qu'elle est censée offrir. Par ailleurs, dans la mesure où le marché local est inondé de livres en langues européennes, le Mauricien moyen est d'avis que ces langues sont celles de la littératie, de l'éducation, la langue du pouvoir et donc la clef de la réussite. Par conséquent, les livres édités dans les langues européennes trouvent le chemin des écoles pré-primaires plus facilement que ceux écrits en créole même s'ils ne sont pas accessibles aux lecteurs qu'ils visent.

L'inadéquation de ces livres par rapport à l'âge des enfants est un autre des facteurs qui peut avoir un impact sur l'absence d'une pratique de lecture dans les écoles pré-primaires. Selon le *Children's Book Project* de Pilli Dumea (2003), les livres doivent être choisis en fonction de l'âge des enfants pour qu'ils soient exploités de manière satisfaisante. Les livres d'histoires en anglais et en français dans la PPA paraissent trop difficiles pour que les enfants puissent les comprendre sans traduction en créole et sans l'interprétation d'un adulte. La description de la session de lecture conduite par T1 pour les enfants de PPA a montré que les livres n'étaient pas appropriés. Quand T1 a lu le livre parlant des animaux sauvages ou quand elle a lu le conte de fées en français, il est clair que l'enseignante a dû avoir recours à des stratégies de *code-switching* afin de rendre accessible ce qui était, pour les enfants, linguistiquement trop complexe ou culturellement aliénant. La complexité des idées contenues dans le livre, transmise au moyen d'un médium auxquels les enfants n'étaient pas familiers a contribué à rendre le livre inaccessible à la fois aux enseignants et aux apprentis lecteurs. La lecture de tels livres constitue un exploit pour les enfants et le plaisir qu'ils pourraient éprouver à les lire n'existe pas dans ce cas.

En termes d'attraction physique, Egbe & Uwatt's (2003) affirment que de gros livres permettent aux enfants de développer une attitude positive envers la lecture et, éventuellement, de développer des habitudes de lecture chez eux. De grands livres contenant des images colorées et des croquis, des écrits simples et compréhensibles contribuent à capter l'attention des enfants et créent chez eux l'impression que la lecture est une activité qui procure du plaisir. Le guide destiné aux enseignants précise l'avantage d'utiliser de gros livres avec les enfants. Toutefois, PPA ne possédait que très peu de gros livres. Le peu de gros livres qui se trouvaient dans la salle de classe étaient tous en anglais et le niveau d'anglais ne semblait pas convenir aux enfants. A l'école PPA, le niveau d'anglais utilisé dans les grands livres ne permettait pas aux enfants de les comprendre sans passer par la traduction en créole ou en français.

Finalement, la littérature confirme que le contenu culturel des livres peut déterminer s'ils seront utilisés ou non en classe. Se fondant sur des observations empiriques (Alemna, 1982 ; Bunanta, 1993 ; Osa, 1986), Greaney (1996 : 25) affirme que quand le contenu culturel des livres ne convient pas aux enfants, leur intérêt à les utiliser diminue. Dans le cas de PPA, puisque la plupart des livres dans la bibliothèque de classe étaient importés de Grande Bretagne, d'Inde, (les livres en anglais et qui sont importés d'Inde coûtent moins chers que ceux qui viennent de Grande Bretagne) et de France, leur contenu tend à être culturellement distant des réalités de la vie de l'enfant mauricien. Pour un enfant issu d'un milieu qui n'a pas de culture de lecture, de telles notions comme la belle-mère ou la sorcière peuvent être aliénantes. De la même manière, les images au sujet des animaux dans les contes de fées peuvent les troubler. Par ailleurs, pour de jeunes Mauriciens qui vivent dans une île où les rares forêts ne contiennent pas de loups et n'exigent pas une culture de la survie, marcher dans la forêt jusqu'à la maison de la grand-mère et rencontrer, chemin faisant, un loup, ne fait pas partie de leur univers. La barrière culturelle à laquelle s'ajoute la barrière linguistique peuvent aliéner les enfants et les enseignants ou peuvent les empêcher de se retrouver dans des activités qui ont du sens pour eux.

Mon analyse des livres de lecture dans la bibliothèque de classe de la PPA me permet de conclure que ces livres peuvent être linguistiquement et culturellement inadéquats pour des locuteurs natifs du créole. Il est également évident que les enseignants de PPA ne sont pas capables de se servir de ces livres de manière créative, probablement parce qu'ils n'ont pas été formés pour utiliser des livres en anglais et en français auprès des enfants qui ont pour langue première le créole. En fait, le guide des enseignants considère que la lecture d'un livre d'histoires est une activité simple, directe plutôt que problématique dans un contexte culturel plurilingue. Par conséquent, on peut affirmer que le guide de l'enseignant ne réussit pas à préparer ces derniers de manière adéquate afin qu'ils puissent conduire, de façon satisfaisante, une activité de lecture de livres en anglais et en français auprès des enfants qui ne sont pas des locuteurs natifs de ces langues.

VI.III. Les attitudes par rapport aux livres en créole

Bien que la grande majorité des livres dans la bibliothèque scolaire soit en anglais et en français, il faut noter qu'il y avait quelques livres en créole dans PPA. Toutefois, ils étaient perdus parmi les autres livres et aucune session de lecture de livres en créole ne fut programmée. Le 25 août 2005, les enseignants me présentèrent un livre d'histoires en créole qui avait été offert par l'institution semi-gouvernemental responsable des écoles pré-primaires. Le livre, *Sa bann pli zoli zistwar* (= Ses plus belles histoires) était écrit par Fanfan, un chanteur de séga très connu à Maurice. Une analyse des 73 pages de ce livre montre qu'à côté des 11 histoires en créole et en français, il y avait 6 pages de croquis coloriés, 5 demi-pages de gravures, et 5 pages contenant toutes quelques croquis. Les enseignants de PPA ont exprimé leurs réserves au sujet du livre parce que, selon eux, la langue utilisée était vulgaire. Les enseignants de PPA ont attiré mon attention sur le terme *deryer lisien* (p. 16), qui signifie « les fesses du chien ». Les enseignants de PPA pensent également que la langue employée dans le livre est trop complexe pour les enfants. Ils ont par ailleurs affirmé qu'il y avait trop de texte et pas assez d'illustrations. Ils ont aussi prétendu qu'ils n'avaient pas de compétence pour lire en créole puisqu'ils n'avaient jamais été formés à cette activité. Par conséquent, ils ont conclu que le livre ne méritait pas d'être dans la bibliothèque ou d'être utilisé par les enfants. Ce constat montre à quel point les enseignants de PPA étaient réfractaires à l'idée d'avoir des livres en créole et de les utiliser.

Dans les entretiens réalisés après les observations, j'ai demandé aux enseignants de PPA d'énumérer les critères sur lesquels ils s'appuieraient pour choisir des livres pour la bibliothèque de l'école afin de déterminer si la langue dans laquelle les livres étaient rédigés était un facteur important dans le choix des livres de lecture destinés à la salle de classe. Les réponses fournies par les enseignants sont résumées ci-dessous :

T1 :	Des livres bien illustrés avec des mots faciles, des histoires courtes et intéressantes
T2 :	Des livres appropriés à l'âge des enfants, des écritures en gros caractères, des dessins colorés, et une couverture rigide
T3 :	Une couverture rigide, des mots faciles que les élèves lisent et quidécrivent ce qu'ils peuvent voir

Si l'on se fonde sur les réponses des enseignants, il est clair que le seul élément linguistique dont ils prennent conscience est que la langue doit être simple et facile à comprendre. Aucun des enseignants ne mentionne l'importance d'avoir des livres dans la L1 des enfants. Si l'on ajoute les réactions des enseignants aux livres en créole, on peut affirmer que les réponses fournies montrent leur attitude négative à l'égard des livres d'histoires en créole et de la lecture de livres en créole. Les attitudes des enseignants sont le reflet du contexte éducatif et social marqué par une dévalorisation du créole s'agissant de son rôle dans l'instruction publique. L'histoire coloniale complexe de Maurice qui s'ajoute à la réalité linguistique contemporaine où l'anglais est une langue de prestige, contribue à une valorisation des langues européennes au détriment de la langue première des enfants.

VI.IV. Le rôle des enseignants

Puisque les enfants qui fréquentent les écoles maternelles sont trop jeunes pour lire seuls, les enseignants ont, au moins pour partie, la responsabilité de leur lire des textes. Je dis qu'ils ne sont qu'en partie responsables puisque les parents doivent aussi assumer, au moins pour partie, cette tâche. Toutefois, je me suis limité ici seulement aux enseignants et aux enfants.

Il me semble qu'une des raisons pour lesquelles les enseignants de PPA ne lisent pas de livres aux enfants est qu'eux-mêmes n'ont pas de culture de lecture. Durant mes visites à PPA, j'ai entendu les enseignants s'entretenir de ce qu'ils préparent à manger, des programmes de la radio qu'ils suivent dans l'après-midi en préparant à manger et du *soap opera* ou du film qu'ils regardent à la télévision. Toutefois, ils parlaient rarement de ce qu'ils lisaient. Leur lecture se limitait aux journaux et pour T2 aux manuels scolaires de ses enfants. Pendant l'entretien, j'ai posé des questions aux enseignants de PPA au sujet de leurs pratiques de lecture chez eux. Selon les réponses fournies, on peut deviner que le matériel le plus lu est constitué des journaux, une situation identique à toute l'Afrique si l'on en croit Pretorius & Machet (2004 : 54). Toutefois, les enseignants de PPA ont affirmé qu'ils lisaient quelques fois des textes qui concernaient leur travail lorsqu'ils étaient en formation. En revanche, ils lisent rarement des magazines ou des livres d'histoires pour leur plaisir ou comme passe-temps. De la même manière, quand on leur a demandé quels livres ils achetaient pour leurs enfants, ils ont affirmé qu'ils achetaient parfois des livres d'histoires et que parfois il leur arrivait de les leur lire.

Je ne voudrais pas donner l'impression que les enseignants souffrent d'un déficit dans la mesure où ils n'auraient pas une culture de lecture. En revanche, il me semble qu'il serait plus enrichissant, dans notre volonté de comprendre la culture locale de la lecture, de fournir une explication en situant les constats réalisés dans leur contexte social, culturel et historique. Si l'on jette un œil sur l'âge des enseignants, on se rend compte qu'ils ont été scolarisés dans le cycle primaire dans les années 70. A cette époque-là, Maurice était un pays sous-développé et qui dépendait essentiellement de l'agriculture. L'éducation secondaire et universitaire n'était pas gratuite et n'était pas accessible à toute la population. Par ailleurs, les années 70 sont marquées par la prégnance de la méthode SGAV où les enfants apprenaient au moyen de méthodes caractérisées par des répétitions incessantes. Même si les livres existaient et se retrouvaient dans l'environnement d'une élite, on peut penser que les livres étaient un luxe à cette époque-là. En fait, les enseignants m'ont parlé de leur scolarisation pendant les enquêtes de terrain. Par exemple, T3, la plus âgée des trois enseignantes (elles avaient la quarantaine) m'a expliqué que comme ses parents avaient plusieurs enfants, elle a dû mettre fin à ses études puisque les parents ne pouvaient pas payer les frais de scolarité de tous les enfants fréquentant une école secondaire. On a donné la priorité aux garçons ; alors elle a dû abandonner l'école quand elle n'avait fait que la moitié du cursus secondaire. C'est alors qu'elle a pris un emploi comme auxiliaire dans une école pré-primaire pour devenir ensuite enseignante.

Cette incursion dans l'histoire personnelle des enseignants offre des informations sur les conditions de vie difficiles des élèves de l'époque. Cela montre aussi qu'au moment où ces enseignants étaient scolarisés, il y avait peu de temps et de facilités consacrés à la lecture pour le plaisir. On allait à l'école pour développer les compétences de littératie et de numératie afin de pouvoir obtenir un emploi dans la fonction publique. Les enfants qui étaient scolarisés alors n'apprenaient pas à lire et à écrire pour le plaisir. L'approche socioculturelle que nous avons adoptée montre que la culture de la lecture de livres d'histoires n'est pas celle d'où viennent les enseignants. Par conséquent, quand on forme les enseignants, si l'on ne prend pas la précaution de développer chez eux une culture de la lecture, il est injuste de s'attendre à ce qu'ils développent seuls cette pratique. Le guide destiné aux enseignants recommande la lecture de livres d'histoires en ignorant toute la complexité de cette activité et le poids du contexte culturel sur cette pratique.

VII. Conclusion

Les données présentées dans ce chapitre contribuent à une réflexion à propos de l'impact de la diglossie sur la réalité quotidienne de l'école pré-primaire mauricienne. Ces données offrent aussi un éclairage sur une tâche comme la lecture, en apparence simple, mais qui peut être d'une grande complexité dans un contexte où il existe un écart entre la langue de la maison et celle de l'entrée dans la littératie. En effet, l'étude de cas d'un petit groupe d'enfants dans l'enseignement pré-scolaire et de leurs enseignants a révélé l'absence d'une culture de la lecture chez les Mauriciens issus de la classe ouvrière. Compte tenu de cet état de fait, les enfants des écoles pré-primaires ne sont pas nécessairement préparés de manière adéquate pour intégrer l'enseignement formel marqué par une présence significative du matériel imprimé. La culture locale de la lecture peut s'expliquer par les particularités du contexte local, exacerbées par le facteur linguistique.

Si l'on ignore les difficultés associées au développement d'une culture de la lecture, c'est un fait que l'exposition à la lecture, le développement d'aptitudes de lecture avancées constituent des préoccupations éducatives majeures et des défis dans un ordre international nouveau marqué par un conflit entre les médias audiovisuels et le matériel imprimé. Maurice, un petit État insulaire qui dépend de la qualité des services qu'elle peut offrir pour sa survie, vise à atteindre un niveau élevé de littératie et de numératie afin de faire face aux nouveaux défis de la mondialisation. A cet égard, cette étude de cas sur les pratiques de lecture des enseignants et des enfants d'une école pré-primaire a montré que la communauté mauricienne est prise dans un engrenage où il lui faut gérer un passé relativement récent et un présent marqué par des exigences de développement rapide. Ce chapitre montre que l'investissement dans une formation de qualité est un passage obligé vers un changement des pratiques pédagogiques et, par extension, vers une culture de la lecture améliorée chez les jeunes. Une formation de qualité des enseignants au plan linguistique et culturel peut permettre d'établir cette passerelle entre d'une part le milieu familial et, d'autre part, les langues de l'école et la littératie.

Clarté cognitive et littératie : le développement de concepts scientifiques en langues étrangères en contexte d'enseignement multilingue. Une étude de cas

Nita Rughoonundun-Chellapermal
Associate Professor, Mauritius Institute of Education

I. Introduction

Malgré sa population d'origine exogène relativement récente et composite, Maurice a fait depuis plus d'un siècle déjà le choix d'une école unique universelle où la littératie s'enseigne en deux langues exogènes obligatoires dont aucune n'est celle dans laquelle les enfants évoluent et grandissent dans la sphère socio-familiale. Si l'on postule que l'apprentissage ne peut se produire sans activité cognitive interne du sujet apprenant, on peut se demander si et comment l'école mauricienne offre aux enfants les conditions de cette activité. Le contexte des apprentissages langagiers formels à l'école permet-il aux enfants apprentis-lecteurs d'engager et de conduire leur réflexion sur la structure de la langue écrite ? Le langage est un outil central pour opérationnaliser l'apprentissage. Or la langue la mieux indiquée pour cette activité, la L1 des enfants, ne fait pas l'objet d'un enseignement et n'est pas utilisée non plus de manière pensée, réfléchie, planifiée, comme un médium d'enseignement ni même comme un matériau pour la conduite d'activités et d'exercices d'observation du fonctionnement de la langue. Utilisée ainsi, elle aurait été un support pour des activités métacognitives. On peut se demander alors ce qu'il advient du processus d'appropriation des concepts structuraux de l'écrit quand la langue supposée être la langue d'opérationnalisation de l'apprentissage est une langue que l'enfant ne maîtrise pas encore.

II. Notre cadre théorique

II.I. La théorie de la clarté cognitive

La théorie de la clarté cognitive de Downing & Fijalkow (1990) rapporte la théorie du développement des savoir-faire en tant que catégorie du comportement humain de Fitts & Posner (1967) à la question du développement de la lecture en tant que savoir-lire s'exerçant sur de l'écrit.

Selon le modèle de Fitts & Posner, l'apprentissage de tout savoir-faire comporte une phase initiale de découverte des fonctions et des structures de l'exercice du savoir-faire, suivie d'une phase de maîtrise puis d'une phase d'automatisation. La phase initiale, qualifiée de cognitive, est capitale car elle détermine l'orientation, juste ou erronée, de l'évolution de l'apprentissage. À dominante de découverte ou de prise de conscience, elle recouvre deux processus, le premier comporte deux volets : d'une part, la découverte des fonctions ou des buts de l'acte spécialisé faisant l'objet de l'apprentissage ; d'autre part la découverte des sous-savoir-faire dont cet acte se compose. Le deuxième processus de cette phase initiale consiste en la découverte ou en la prise de conscience des concepts techniques nécessaires pour réfléchir aux spécificités impliquées dans la tâche que l'apprenant doit maîtriser. C'est ce deuxième processus que nous examinerons ici[18].

La clarté cognitive est une question-clé pour la compréhension théorique de la lecture, notamment pour la compréhension du développement de ce savoir-faire. La mise en évidence de la dimension interne, psychique de l'activité de découverte tant des fonctions et des buts de la lecture que de la relation oral-écrit, amène les auteurs de la théorie à affirmer que le facteur clé des difficultés d'apprentissage de la lecture est le non aboutissement positif des processus de réflexion et de compréhension qui doivent, pour l'écrit, trouver une application spécifique dans le domaine linguistique. Apprendre, développer un apprentissage, c'est, selon

[18] Voir Rughoonundun-Chellapermal, 2007 pour l'ensemble du processus.

la théorie de la clarté cognitive, passer d'un état normal de confusion cognitive à un état nécessaire de clarté cognitive. La clarté cognitive est « un terme technique représentant les composantes psychologiques que le profane désignerait par des expressions comme 'compréhension claire', 'pensée claire' ou 'saisie du problème' » (Downing & Fijalkow, 1990 : 16). La confusion cognitive provient d'un « manque d'analyse, d'abstraction et de généralisation » (*ibid.* : 20) des opérations cognitives qui doivent, pour l'écrit, trouver une application spécifique dans le domaine linguistique.

Considérant des travaux provenant de divers domaines, la psychologie de l'enfant, la psychologie de l'éducation et des apprentissages, la psycholinguistique, l'enseignement spécial et la lecture, conduits depuis les années 60 par des chercheurs travaillant sur des terrains différents et suivant des pistes de recherche différentes, les auteurs parlent de recherches qui semblent se lier pour indiquer que « le facteur critique dans l'habileté lexique en développement est peut-être la clarté de penser de l'enfant confronté aux tâches de réflexion et de résolution de problèmes que comporte l'apprentissage de la lecture. » (*ibid.* : 15).

II.II. Les concepts spécifiques

Downing & Fijalkow identifient comme l'une des deux catégories de difficultés auxquelles se heurte l'enfant apprenti-lecteur, la maîtrise des concepts du langage technique nécessaires à la réflexion sur les relations linguistiques entre la parole et l'écriture, en d'autres mots la compréhension claire des concepts scientifiques fondamentaux qui se rapportent à la littératie, notamment ceux qui se rapportent à la structure et au fonctionnement du système d'écriture. Cette découverte des concepts fonctionnels et structuraux du savoir-lire/écrire est un processus de formation de concepts scientifiques.

II.III. L'écrit, un objet codique

En matière de développement de la littératie précisément, la recherche s'est aussi penchée sur la nature de l'objet sur lequel l'enfant est appelé à diriger son activité d'appréhension et d'appropriation. En même temps que le sujet assimile les objets à ses propres schèmes, la structure propre de ces objets est susceptible d'influer sur la manière dont l'enfant pourra, ou non, les comprendre. C'est notamment ce que Ferreiro (1988), qui affirme l'unité de l'écrit en tant qu'objet d'apprentissage, démontre à propos du système d'écriture – contre toute une tradition qui considérait jusque-là la lecture et l'écriture comme deux objets séparés. Elle a montré que le sujet, même très jeune, dispose de certaines connaissances sur le système d'écriture et s'est construit des représentations des règles de ce système.

En effet, le langage écrit est un système et une structure. Font tout de suite impression sur nous certains éléments de base de l'écrit comme le stock de signes graphiques minimaux – les lettres et certains graphèmes, de même que certains des mécanismes de base de son fonctionnement : les règles de composition syntagmatique des signes graphiques minimaux qui servent à constituer les syllabes et les mots, les conventions fondamentales de ponctuation et de disposition linéaire sur l'aire d'inscription, les polices de caractères et leurs valeurs respectives, la valeur aussi de l'espace-blanc entre les mots, etc. Tout cela qui est si évident pour l'initié est d'une terrible étrangeté pour le non-initié qu'est l'écolier apprenti-lecteur. L'apprenant qui sort de l'état de non-conscience de l'existence de cet objet qu'est l'écrit pour arriver à l'état de maîtrise de ce même objet, doit redécouvrir pour son propre compte la structure et les mécanismes de fonctionnement de ce code qui réfère à l'oral à partir duquel il a été conçu.

L'écrit est ainsi une structure symbolique qui réfère à un premier système symbolique. Vygotski remarque déjà que le langage écrit « nécessite une symbolisation des symboles sonores, c'est-à-dire une symbolisation au second degré » (1997 : 339). Dabène (1991) fait, quant à lui, remarquer que l'exercice de l'écrit est loin de ressortir de « l'exercice naturel du langage ». La découverte du principe de l'écriture est ainsi une chose ardue car « La double articulation de l'écrit échappe à l'évidence. Il faut 'arracher' le signifiant au signifié pour accéder à l'arbitraire du signe, au principe de représentation graphique [...]. » (Bernardin, 1997 : 155).

II.IV. Des difficultés socialement déterminées

En sus des facteurs cognitifs et des facteurs personnels, les auteurs de la théorie de la clarté cognitive font mention de facteurs de l'environnement comme pouvant rendre plus difficile le passage de l'état initial et normal de confusion cognitive au nécessaire état de clarté cognitive. En effet, la toile de fond sociale, si naturelle aux membres de la communauté dont les enfants apprentis-lecteurs sont issus et à laquelle ils participent, comporte de nombreux « hasards potentiels » susceptibles d'augmenter la confusion cognitive dans l'esprit des élèves désireux de comprendre comment l'enseignement de la lecture qu'ils reçoivent se relie à leur expérience linguistique. Les facteurs sociolinguistiques figurent en bonne place parmi ces facteurs sociaux potentiellement hasardeux. Les situations d'enseignement de la lecture dans une langue autre que celle dans laquelle les enfants grandissent, agissent comme des hasards cognitifs, source de confusion cognitive. Cette situation constitue un aléa cognitif : « […] le non-appariement de la L1 de l'élève et de la langue seconde de l'instruction scolaire provoque une sérieuse confusion dans la compréhension qu'a l'élève de l'enseignement du maître. » (Downing & Fijalkow, 1984 :190).

La situation cognitivement hasardeuse que constitue l'enseignement dans une langue seconde ne constituerait-elle pas un « obstacle cognitif » ? Ce concept proposé par Delacours Lins, se définit comme « les obstacles à l'apprentissage qui […] nécessitent une prise de conscience de l'enfant » ; s'agissant de la littératie, ces obstacles se rapportent notamment « au fonctionnement de la langue écrite » (Delacours Lins, 2000). Elle observe que les obstacles cognitifs à l'apprentissage de la lecture peuvent se situer à différents niveaux. Nous nous occuperons ici de la clarté cognitive s'agissant des concepts techniques nécessaires pour réfléchir aux spécificités impliquées dans l'acte lexique.

II.V. Les représentations

La notion de représentation permet de rendre compte du processus d'appropriation de tout objet que le sujet cherche à internaliser. Fondamentalement propres au sujet et donc individuelles, les représentations réfèrent à la signification d'un objet à un moment donné du processus de développement d'un sujet. Elles permettent, entre autres, de sonder l'état provisoire d'un concept scientifique en cours de formation et donc non durablement stabilisé encore chez le sujet. Elles peuvent de ce fait servir d'outil de mise à jour du processus d'appropriation. Nous déterminerons pour notre part l'état de clarté ou de confusion cognitive de notre témoin s'agissant de la structure de la langue écrite.

III. Notre méthodologie

Nous étudions la formation de concepts scientifiques qui se rapportent au code de l'écrit chez un sujet enfantin parvenu en troisième année de primaire (*Standard III*) au moyen de deux tests de clarté cognitive en anglais et en français. Les deux tests sondent les mêmes concepts, au moyen de tâches largement identiques de résolution de problèmes d'identification d'objets qui actualisent quelques concepts scientifiques fondamentaux de la littératie, notamment « lettre, mot, phrase » et des concepts de position et d'ordre « premier, dernier », déterminants pour appréhender la linéarité du langage. Le test est adapté pour sa version française du test ECLEC (Écriture-Lecture) conçu par le groupe CREFI (Centre de Recherche en Éducation, Formation et Insertion), rattaché à l'université de Toulouse-Le-Mirail. Le test en anglais a été établi par nos soins sur le même modèle.

Nous soumettons l'enfant à la version anglaise du test d'abord et laissons s'écouler sept jours avant la passation du test en français, de manière à prévenir tout effet de halo du premier test dans la mémoire de l'enfant. La passation des tests est immédiatement suivie d'un échange d'élucidation de ses conduites. Alors que la passation des tests eux-mêmes a lieu dans la langue même du test, respectivement l'anglais et le français, les échanges post-passation se déroulent sur le mode du trilinguisme négocié – échange endolingue ou exolingue, adoption de l'alternance voire du mélange des langues – en tirant parti de diverses stratégies et configurations discursives selon le but recherché et l'intelligence du moment.

Ce dispositif doit nous permettre d'explorer la question de la formation de concepts scientifiques en situation de bilingualité scolaire précoce sans enseignement formel de la L1. Nous chercherons à sonder le degré de clarté cognitive du sujet eu égard à quelques concepts techniques de la littératie. La formation des concepts est-elle la même dans les deux langues ? Les concepts en formation ont-ils les mêmes contours dans les deux langues ?

L'enfant est-il parvenu à la même clarté cognitive dans les deux langues ? La bilingualité académique de l'enfant lui donne-t-elle un avantage ? Transpose-t-elle ou rapporte-t-elle les savoirs construits à partir de l'enseignement scolaire au créole ? Les concepts formés en créole ont-ils les mêmes traits que les concepts homologues formés dans les langues de l'école ?

Nous rappelons que les tests dont nous faisons état ici font partie d'un ensemble plus vaste d'une vingtaine de tâches proposées au témoin, assorti d'entretiens avec ses parents et sa maîtresse au cours d'une période de trois années. Cette familiarité du témoin à notre personne et à nos techniques de travail contribue à son sentiment de sécurité psychologique même dans les moments cognitivement exigeants ou déroutants. Les passations ont lieu au domicile de l'enfant où nous sommes toujours bien accueillie. Nous enregistrons systématiquement et *in extenso* sur un enregistreur audio la passation des tâches. Le protocole de passation des tests eux-mêmes est aussi minutieusement préparé et respecté. En revanche, l'entretien qui suit la passation repose sur l'à propos et l'acuité des sollicitations du chercheur.

Elles constituent le filtre ou le révélateur qui vont faire émerger au-delà des réponses données lors du test lui-même, les indices des conduites cognitives internes de l'apprenant et partant, sa représentation des différents concepts testés.

IV. L'étude de cas

IV.I. Le témoin

Yordana connaît une enfance heureuse. Elle grandit dans une famille modeste – ses parents sont ouvriers – mais dont les conditions de vie n'ont cessé de s'améliorer. Avant-dernière d'une famille de six enfants, elle est choyée par tous. Elle montre dès la maternelle une forte appétence pour les études ; elle prend ici exemple sur sa sœur cadette qui termine ses classes secondaires. Elle-même voudrait « être maîtresse ».

Le créole est la L1 de l'enfant. Bien ancrée dans cette langue, elle nourrit tôt le désir d'autres langues. Au début de l'enseignement primaire déjà, elle démontre une claire conscience des pratiques langagières multilinguales et se fait une image d'elle-même comme détenant la compétence nécessaire pour y participer. En *Standard I*[19] cette identité multilinguale n'est pas construite encore mais l'est fortement dans son désir. Le désir de langues est en fait la forme que prend chez la fillette le désir d'école et des savoirs scolaires. En effet, elle se définit largement par l'activité et le projet d'apprendre. Elle dit venir à l'école pour apprendre le lire-écrire et a conscience que les savoirs scolaires la préparent pour une activité professionnelle une fois adulte.

En *Standard III*, Yordana est âgée de huit ans et dix mois. Elle est toujours aussi solidement ancrée dans le créole et a toujours un aussi grand désir de langues. Outre l'anglais et le français, elle apprend des bribes de hindi de ses camarades de jeu et aimerait connaître l'espagnol. Elle ne vit pas l'apprentissage de l'anglais et du français comme exigeant d'elle des efforts coûteux ou pénibles. Nullement désarçonnée par l'alternance de tâches en des langues différentes, elle manifeste le désir d'adhérer aux règles socio-pragmatiques de la communication en cherchant à poursuivre les échanges engagés sur le mode endolingue. Elle comprend sans mal et est capable de soutenir de véritables échanges en français. Elle ne se soustrait à aucune occasion de prise de parole en cette langue, les recherchant même comme des opportunités. Elle s'exprime avec clarté et avec un accent recherché qui dit son désir de « bien parler » cette langue. Elle démontre, en anglais surtout, une certaine capacité de réception dans des situations où l'on se réfère à des savoirs formels appris à l'école. Elle tente parfois une réponse en anglais mais ses moyens restent là limités. Yordana est ainsi nettement engagée dans la construction d'une identité multilinguale dont elle fait une gestion consciente. Elle a déjà une identité francophone bien affirmée et une identité anglophone amorcée quoique peu développée encore.

Elle a développé l'habitude d'une activité épilinguistique et s'est fait une représentation claire de l'enveloppe phonique et prosodique d'un certain nombre de langues présentes dans son environnement. L'image mentale de leur enveloppe phonique est claire pour les deux langues qu'elle apprend à l'école, de même que pour le créole. Elle discrimine le hindi et le tamoul de celles-là sans pouvoir les différencier entre elles.

---

[19] La scolarité primaire compte six degrés et va du *Standard I* au *Standard VI*.

L'enfant a hérité de certaines représentations sociales qui se rapportent aux langues de l'environnement. Elle a notamment développé le sentiment d'une hiérarchie sociolinguistique, où les langues européennes apprises à l'école trouvent place au haut et le créole au bas. Elle se conforme d'ailleurs à ces usages sociaux pour en tirer le plus grand profit en termes de mise en valeur de soi : c'est d'elle-même qu'elle parle en français aux collègues de travail auxquelles sa mère la présente.

Elle a totalement intégré le principe de l'existence de lexiques distincts se rapportant à différentes langues pour nommer et dire le monde (*cf.* une tâche d'identification d'objets et de recherche d'équivalences lexicales). Elle peut ignorer le terme de désignation d'un objet dans l'une ou l'autre des trois langues de son répertoire mais elle est consciente de son existence.

Yordana se présente ainsi comme une apprenante motivée, confiante dans ses capacités, réflexive et autonome aussi dans ses démarches d'apprentissage.

IV.II. Les comportements observables

La maîtrise apparente des concepts fondamentaux du code

A première vue, les conduites de Yordana au cours de la passation des douze items du test anglais semblent démontrer que la fillette a une compréhension claire des concepts fondamentaux de l'écrit suivants en anglais : *letter*, *word*, *first*, *last*. Si l'on ne considère pas les syntagmes prépositionnels contenant le mot *each* dans les consignes se rapportant aux items 3 et 4 – ils en allongent la longueur et augmentent la charge cognitive de l'effort de mémorisation et de traitement d'informations supplémentaires à être combinées et intégrées aux précédentes – on constate que l'enfant répond correctement aux huit premiers items du test sans manifester d'hésitation ni marquer de temps prolongé de réflexion avant d'indiquer ses réponses. C'est là un comportement qui semble indiquer de manière incontestable une formation aboutie, ou pour dire autrement, la maîtrise des concepts testés. Le même constat, assorti du même bémol pour les items 3 et 4 qui requièrent la compréhension de « chaque» et l'interprétation de l'incidence de ce mot sur le traitement des autres éléments du rhème de la proposition, vaut pour la performance de l'enfant au test en français.

Seul le concept de phrase, auquel réfèrent les dénominations *sentence* et « phrase », semble encore en cours de formation et présenter certaines zones de confusion dans l'entendement de la fillette. Elle sait qu'une *sentence* ou une « phrase » comporte des suites de lettres organisées en mots, ce qui lui fait rejeter comme n'étant pas une « phrase » ou une *sentence* des suites numériques dans les deux tests (*cf.* l'item 10). En revanche, d'autres traits formels essentiels de la phrase ne semblent pas avoir fait d'impression sur sa représentation de cet objet linguistique ; les indices de frontière de cet objet se laissent tantôt confondre avec ceux, spatiaux, de la ligne (*cf.* les items 11 et 12 des deux tests où elle encercle la première et la dernière ligne ; l'item 9 des deux tests où elle fait du début de la ligne le début de la phrase dans le test français et de la fin de la ligne la fin de la phrase dans le test anglais) tantôt, typographiques, des lettres capitales ou du point (*cf.* la lettre capitale pour frontière initiale dans l'item 9 du test anglais et le point pour frontière terminale de la phrase dans l'item 9 du test français). Elle considère donc dans les objets textuels verbaux l'un ou l'autre des critères spatial et typographique.

IV.III. Confusion ou clarté cognitive selon la tâche de signalement ou de catégorisation verbale

Cependant les entretiens d'explicitation vont nous réserver de grandes surprises. L'enfant affirme, lors de l'échange post-passation du test anglais, initié d'abord en créole, avoir encerclé *enn chif* (« un chiffre »)[20] dans les items 1 et 2 qui cherchent à vérifier si elle discrimine les deux classes de « lettre » et de « chiffre ». Elle identifie donc ses réponses « F » et « t » comme appartenant à la classe des chiffres ; on se souviendra qu'il lui avait été demandé d'encercler la lettre, *the letter*, et que ses signalisations de cet objet ou plutôt de cette classe d'objets étaient parfaitement réussies. Ses élicitations pour les deux items suivants, où il lui était demandé d'identifier la première et la dernière lettre respectivement, signalent une invariance dans la représentation de la classe d'objets figurant dans les bandes :

---

[20] Elle adopte, alors qu'elle parle en créole, une prononciation francisante.

Pour l'item 3 :

– *Mo'nn anserkle premie* « chiffre » J'ai encerclé le premier « chiffre ». Pour l'item 4 :

– *Mo'nn anserkle dernie* « chiffre » J'ai encerclé le dernier « chiffre ».

Étonnée par ses réponses, nous l'invitons à revenir en arrière et à redire la consigne transmise en anglais. Nouvelle surprise ! Elle déclare, pour les deux premiers items, avoir eu à *circle the letter*. Elle peut même nommer, en anglais, l'intégralité des signes, tant la lettre que les chiffres, qui figurent dans chacune des deux bandes :

E – *What did you do here ? What did you circle ?* Qu'as-tu fait ici ? Qu'est-ce que tu as encerclé ?

[...]

T – *The... letter*. La... lettre.

E – *Can you read that letter for me ?* Peux-tu me lire cette lettre ? [...]

T – F.

E – *And why did you leave all these ? What are these ?* Et pourquoi as-tu laissé de côté ceux-ci ? Que sont-ils, ceux-là ?

T – *Eight, one, six* (Huit, un, six). Retour sur l'item 2 :

– *What did you do here ?* Qu'as-tu fait ici ? [...]

– *The... last letter*. La... dernière lettre.

– *The last letter. What letter is it ?* La dernière lettre. Quelle lettre est-ce ?

– « t ».– « t ».

Yordana : Réponse à l'item 2 :

– « t ». *Why didn't you circle these ?* « t ». Pourquoi n'as-tu pas encerclé ceux-ci ?

– *let/* lettre

– *What are these ?* Que sont-ils, ceux-là ?

– *Seven, five, three.* Sept, cinq, trois.

La fonction indicative et dénominative des termes anglais qui réfèrent à des objets graphiques tant verbaux que numériques est donc bien installée.

IV.IV. Micro-système lexical idiolectal ou confusion cognitive extrême ?

Comment Yordana peut-elle désigner correctement les objets et les référer à la classe conceptuelle appropriée en anglais et référer ces mêmes objets, des lettres, à une classe conceptuelle si peu appropriée en créole, celle des *chif* ? Établirait-elle une équivalence linguistique/sémantique entre « chiffre » et *letter* ? (On note que notre apprenante peut nommer en anglais les éléments distincts de la classe des chiffres mais qu'elle ne les rapporte pas à cette classe. Elle connaît pourtant le terme correspondant en créole et/ou en français, ce qui permet de dire qu'elle a conscience de l'existence de cette classe. Ce sont toutefois des lettres qu'elle rapporte à la classe des *chif.*) Cette hypothèse, pour incongrue qu'elle paraisse ne suscite aucune correction de sa part lorsque nous la lui donnons à entendre : *Circle the letter. Dakor, letter vedir chif* (« Encercle la lettre. D'accord, *letter* signifie *chif* »).

Plus tôt, lors du premier mouvement – en créole – de l'entretien, elle avait, juste après avoir identifié ses réponses pour les items 1 et 2 (F, t) comme étant des *chif*, désigné les éléments laissés de côté comme étant des *nimero*. L'hypothèse est que l'enfant oppose *chif* à *nimero* dans un micro-système lexical idiolectal en créole où *chif*, en tant qu'entité phonique ou signifiant, aurait comme signifié lui correspondant ce que le mot *let* en créole ou « lettre » en français recouvre généralement, et *nimero* ce que recouvrent « chiffre » et/ou « nombre ». Il est à noter que, selon l'acception commune du mot en créole, *nimero* se définit comme « chiffre ou nombre qui indique la place dans une série » et correspondrait à « numéro » en français. Or, l'enfant désigne, en anglais, les objets laissés de côté (*cf.* « 8, 1, 6 » et « 7, 5, 3 ») et auxquels elle a référé comme des *nimero* en créole, comme des *numerals* :

Pour l'item 1 :

– *And how do you call those ?* Et comment appelles-tu ceux-là ?

– *Numeral.* (Des) numéraux. Pour l'item 2 :

– *How do you call these ?* Et comment appelles-tu ceux-ci ?

– *Numeral*. (Des) numéraux.

Items	Entité conceptuelle	Objet(s) désigné(s)	Désignation verbale des objets par l'enfant	Désignation verbale du concept par l'enfant	
				Créole	Anglais
1	*letter*	F	F	*chif*	*Letter*
2	*letter*	t	t	*chif*	*Letter*
1	*Numeral/ digit*	8, 1, 6	*eight, one, six*	*nimero*	*Numeral*
2	*Numeral/ digit*	7, 5, 3	*Seven, five, three*	*nimero*	*numeral*
3	*first letter*	L	–	*premie* « chiffre »	*first letter*
4	*last letter*	e	–	*dernie* « chiffre »	*last letter*
5	*letter*	D, h, x	–	–	*letters*

Tableau récapitulatif des élicitations de Yordana pour les items 1-5 du test anglais

Faudrait-il donc définitivement entendre dans le terme *nimero* que l'enfant emploie en créole l'équivalent de « numéral/numéraux » en français ? Cet emploi serait à mettre au compte du bagage conceptuel et lexical acquis en mathématiques, enseignées sinon exclusivement du moins en grande partie en anglais – en tout cas, les manuels et autres matériels pédagogiques mis à la disposition des élèves comme des enseignants sont exclusivement en anglais – ; en effet, le terme anglais *numeral* est introduit dès le premier trimestre de la première année du primaire et fait l'objet d'un traitement régulier et systématique au moins jusqu'à la fin de la troisième année.

IV.V. Clarté en anglais et confusion en créole

On ne peut que conclure à une très faible clarté cognitive en créole. Yordana serait dans un état de confusion en ce qui concerne les signifiés de *chif* et de *nimero* en créole (langue et concepts s'y rapportant pour lesquels elle ne bénéficie d'aucun enseignement ou médiation directe ou ciblée à l'école) mais aurait une vue claire des termes anglais *numeral* et *letter*. De fait, l'enfant sait attribuer les objets qu'elle a donnés en réponse lors de la passation comme relevant de la classe des *letter* quand c'est le cas (*cf.* les items 1 à 4 vus ci-dessus). Elle est également capable d'identifier les éléments distracteurs de l'item 5 (*cf.* D, h, x) comme ressortissant des objets de cette même classe de *letter*.

IV.VI. L'extension de la confusion

Toutefois la prise en compte de l'élicitation que l'enfant donne de ses réponses pour les items 9 à 12 de ce même test laisse apparaître une confusion s'agissant du champ d'extension référentielle de cette classe de *letter*. Ne disposant pas selon toute évidence de l'étiquette verbale *sentence* dans son répertoire lexical actif[21] en anglais, elle désigne par *letter* les objets qui relèvent selon elle de cette classe :

Item 9 :

T – *Mo'nn anserkle…/Oups* (J'ai encerclé…/Oups) [...]

T – *Mo'nn fer enn erer !* (J'ai fait une erreur !) [...]

T – *Ti bizin…/Non, li bon la !* (J'aurais dû.../Non, c'est bon! [...]

E – [...] *Ki to'nn anserkle alor, isi* ? [...] Qu'est-ce que tu as encerclé alors, ici ?

T – *Mo'nn anserkle enn... nimero, enn* [Elle émet divers bruits.] J'ai encerclé un... numéro, un

[...]

T – *Mo'nn anserkle dernie*… J'ai encerclé le dernier...

E – *Dernie* ?! *Dernie ki zafer* ? Dernier ?! Le dernier quoi ? [...]

T – [...] [En subvocalisé] *Anserkle dernie 'number'*… [...] Encerclé le dernier 'nombre'…

E – *Number* ? Nombre ? T – *Yes* !

E – *Yes ? Dernie 'number' ?* Oui ? Le dernier 'nombre' ?

T – *Dernie nimeroo, derniee.* Le dernier numéro, dernieeer

E – *Ki mo ti dir twa ? To rapel an angle ki mo ti dir twa ?* Qu'est-ce que je t'avais dit ? Tu te souviens de ce que je t'avais dit ?

T – *Wi. Cir* Oui. Encer

[...]

T – *Circle the last letter.* Encercle la dernière lettre

E – *Mo ti dir twa « Circle the last letter. » ?* Je t'avais dit « Encercle la dernière lettre » ?

T – *Circle the last letter.* Encercle la dernière lettre.

---

[21] Elle existe en revanche dans son répertoire passif.

E – *The last letter. And this is the first letter ?* La dernière lettre. Et ceci c'est la première lettre ?
T – *No, theee... Circle the last letter.* Non, leee... Encercle la dernière lettre.
E – *Circle the last letter.* Encercle la dernière lettre.
Item 10 :
E – *And here what did you do ?* Et ici qu'est-ce que tu as fait ?
T – *Circle the first... letter. Letter.* [...] (J'ai) encerclé la première... lettre. Lettre. [...]
Item 11 :
E – *Isi, ki to'nn fer ?* [...] *To rappel ki mo ti dir twa an angle ?* Ici, qu'est- ce que tu as fait ? [...] Te souviens-tu de ce que je t'ai dit en anglais ?
T – *Wi.* Oui.
E – *Ki mo ti dir twa ?* Qu'est-ce que je t'ai dit ?
T – *Circle the first letter.* Encercle la première lettre.
Item 12 :
E – [...] *Isi, ki to'nn fer ?* Ici, qu'est-ce que tu as fait ? T – *Circle the last letter.* Encercle la dernière lettre.
Yordana fait ainsi de *letter* un terme générique.

IV.VII. Des frontières sémiques peu nettes

Elle hésite cependant beaucoup et semble utiliser ce terme à défaut de mieux. Elle doit savoir que *letter* n'est pas le terme approprié pour désigner l'objet qu'elle a voulu identifier en encerclant la dernière ligne mais alors, quel terme anglais employer pour le désigner ?... Voit-elle même qu'elle a encerclé la dernière phrase sinon la dernière ligne ? Les consignes sont loin derrière. Elles ne sont plus présentes dans sa mémoire de travail et elle ne peut les réactiver. En revanche, *letter* est là, suscité, disponible et attesté dans l'objet qu'elle a encerclé en écoutant cette consigne qu'elle ne retrouve plus. On peut penser que l'objet *letter* étant un constituant de l'objet *sentence* comme de l'objet *word*, l'établissement des contours sémiques de ces derniers en est rendu délicat, ce qui a dû contribuer à une piètre pénétration de ces vocables dans sa mémoire lexicale active. Le rapport non clarifié qui existe entre ces objets contribue ainsi à la confusion de l'enfant s'agissant de ces classes emboîtées.

Item	Entité conceptuelle mentionnée dans la consigne	Objet(s) désigné(s)	Désignation verbale en anglais du concept par l'enfant
9	*Sentence*	*The bird sings. had noise.*	*last letter*
10	*Sentence*	*This is a new car.*	*first letter*
11	*First sentence*	*These mangoes are very…*	*first letter*
12	*Last sentence*	*ready for the party.*	*last letter*

Tableau récapitulatif des réponses de Yordana aux items 9-12 du test anglais

IV.VIII. Confusion et rationalité

Le couple *numeral* et *number*, termesscientifiques issus de l'apprentissage des mathématiques, trouve aussi un emploi générique au fil de l'échange. Yordana désigne par l'un de ces deux termes pas moins de quatre classes d'objets lors de cet échange post-passation du test en anglais : des chiffres (*cf.* items 1, 2), des nombres (*cf.* item 6), un mot (*cf.* items 5, 6, 8), un segment d'une ligne incluant une phrase, en guise de phrase (*cf.* item 9) !

Désignation verbale du concept par l'enfant	Entité conceptuelle	Objet(s) désigné(s)	Item
numeral	*digit, numeral* (Chiffre, numéral)	8, 1, 6 7, 5, 3	1, 2
number	*number*	33, 85, 52	6
	word	blue	5
first number	*word*	to	6
last number	*word*	top	8
dernie number	segment d'une ligne	The bird sings. had noise	9

Tableau récapitulatif des objets du test anglais désignés par *numeral* et *number*

L'enfant propose en outre à trois reprises au moins un terme qui réfère à l'écrit verbal, *letter*, puis se reprenant, un terme qui réfère à l'écrit numéral, *number*, pour classer conceptuellement un même objet, un mot (*cf.* l'item 6 : *the first letter. No ! first number* : « la première lettre. Non ! premier nombre» ; l'item 7 : *the letter. Non. First number* : « la lettre.

Non. Le premier nombre» ; l'item 8 : *the last letter, the last number* : « la dernière lettre, le dernier nombre » !). Elle déclare de même pour l'item 9 où elle devait identifier *the last word* (« le dernier mot »), d'abord avoir encerclé « le dernier *number* » (« le dernier nombre »), puis à peine quelques secondes plus tard, *the last letter* (« la dernière lettre »).

Un examen plus serré montre toutefois un découpage référentiel original pour ce couple *numeral/number*. Yordana catégorise les éléments numériques composés de deux chiffres de l'item 6 comme appartenant à la classe des *numbers*. Elle opère ainsi une distinction sémantique entre *numeral* et *number*, le premier recouvrant les chiffres et les nombres simples et le second les nombres entiers composés. Elle étend à partir de là l'extension référentielle de *number* aux éléments de l'écrit que l'on range conventionnellement dans la classe des mots (*cf.* les items 5, 6, 7 et 8). Il convient de remarquer que les mots se présentent, comme les nombres entiers composés auxquels l'enfant réfère par le vocable *number*, sous la forme de suites d'éléments discrets. On comprend alors mieux ses tergiversations pour les items 6 à 9 : *number* ou *letter*, les deux étiquettes verbales sont candidates pour référer aux unités complexes composées d'éléments discrets ! Elle finit par garder *number* pour référer aux mots, suites peu étendues d'éléments discrets, et généralise *letter* pour référer aux ensembles composés de plusieurs mots, c'est-à-dire aux suites étendues composées de paquets d'éléments discrets. Est-ce parce que les mots, surtout quand ils sont courts, ressemblent d'une certaine manière aux nombres composés de deux à quatre chiffres avec lesquels elle travaille en mathématiques (*cf.* elle dit de *to* dans l'item 6 que c'est un *number* au même titre que les autres éléments de l'item, desquels il ne se distingue que par le critère d'ordre, *first number*), et qu'en langue, à l'écrit, on a affaire à des phrases et qu'elle perçoit confusément qu'il y a, pour y référer, un paradigme lexical dont *letter* fait partie ?

Pour achever de se convaincre de la difficulté que l'enfant ressent à référer des objets – qu'elle peut par ailleurs souvent nommer – aux classes conceptuelles dont ils ressortissent, en anglais, voici un extrait du déroulement des échanges :

Item 5 :

E – *So, here,* [...] *What did you circle ?* Donc, ici, [...] Qu'est-ce que tu as encerclé ?

T – *I am circle the... hm hm hm*. Je suis encercle le... hm hm hm. T – *Hm circle theee/ number*. Hm encercle leeee/ nombre.

E – *You circled the number.* Tu as encerclé le nombre.

E – *Yes. And these, what are these ?* Et ceux-ci, que sont ceux-ci ?

T – *They are letter !* Ce sont lettre !

E – *They are letters.* Ce sont des lettres. T – *Yes.*

E – *And this is a number*. Et celui-ci est un nombre. T – *Yes* !

E – En français, qu'est-ce que tu dis ? Qu'est-ce que tu as encerclé ?

T – J'ai encerclé leee leee chhh dee […] lee lee [Elle répète trois fois la formule sur un air chantant.]

E – Ca, qu'est-ce que c'est ? [Nous lui signalons les uns après les autres les autres éléments de la bande].

T – [En français, de manière correcte] D, h, x

E – Comment est-ce qu'on les appelle ? T – Deees numéros !

E – [...] Et ça ? [Nous lui signalons l'élément encerclé, un mot.]

T – Ce sont deee

E – « Ce sont des » ou bien « c'est un » ?

T – [En égrenant les mots les uns après les autres. Elle fait cependant entendre la liaison et s'interrompt un moment avant de proférer le nom, sur le ton de quelqu'un qui donne une réponse incertaine à laquelle il réfléchit encore.] C'est un *chif…* Noon ? ??

E – Chiffre.

T – C'est un C'est un C'est un

E – Tu ne vois pas ?

T – [Se tapotant le front et marmonnant des choses.] *Ayoo* !

E – En créole ? Comment est-ce que tu dirais ? *Ki to'nn anserkle ?*

Qu'est-ce que tu as encerclé ?

T – *Mo'nn anserk enn enn enn saa !* J'ai encerclé un un un comment déjà !

E – [...] *To rapel ki mo ti dir twa fer an angle ?* […] *Circle the... ?* [...] Tu te souviens de ce que je t'ai dit de faire en anglais ? Encercle le... ?

T – *Circle theee nimero*. Non ! *Number*. Encercle leee numéro. Non ! Nombre.

Item 6 :

E – *Here what did you do ?* Ici qu'est-ce que tu as fait ?

T – *Dooo. Circle the first... letter! No. Thee first... number.* Faaaiiit. Encercle la première... lettre ! Non. Lee premier… nombre.

E – *The first number. And what is this ?* [Nous lui signalons les autres éléments de la bande, qu'elle désigne sans mal en anglais] Le premier nombre. Et ceci qu'est-ce que c'est ?

E – *What do we call those ?* Comment est-ce qu'on les appelle ?

T – *Eee eee eee number !* Euh euh euh nombre!

E – *We call them numbers ?* On les appelle des nombres ? T – [Elle confirme par un signe].

E – *And you circled the first number ?* Et tu as encerclé le premier nombre ?

T – [Sur le ton de celle qui est moins convaincue que décidée.] *Yes*. Oui.

E – *Yes*. Oui.

T – [Elle lâche un grand soupir].

E – Pas trop sûre ! En français, qu'est-ce que tu me dirais ? [...]

T – [Sur un ton de réflexion encore en cours]. J'ai encerclé le chiffre. Non. [Elle tousse]. Je [Elle se dégage la gorge puis, avec plus de vigueur]. J'ai encerclé le hmm leee… J'ai encerclé leee J'ai encerclé en en [Elle émet des bruits divers qui accompagnent son activité de réflexion]. Ce sont dees/chiffres.

E – Des chiffres. Et là ?

T – C'est un Non, ce sont pas des chiffres, c'est un numéro. E – Ce sont des numéros.

T – Des numéros. E – Celui-là ?

T – C'est un Ch C'est un C'est un aah C'est un [Elle inspire profondément]. C'est un [soupir].

E – Tu ne vois pas ! T – Non.

E – En créole, tu vois ? T – En créole.

E – *Ki to'nn fer la ? Ki to'nn anserkle ?* Qu'est-ce que tu as fait ? Qu'est- ce que tu as encerclé ?

T – *Mo'nn fer Mo'nn anserkle ennn nimé. Non, mo'nn anserkle enn chh enn* [ter] *sa sa sa, sa…* J'ai fait J'ai encerclé uun numé.

Non, j'ai encerclé un ch un [ter] comment comment comment, comment...
E – *Bann leres, ki ete sa ?* Les autres, que sont-ils ? T – *Bannn nimero.* Des numéros.
E – *Sa'nn la ?* Celui-là ?
T – *Ennn chiff.* Un chiffre.
T – *Noon ! Enn enn.* Noon ! Un un.
E – *Pa pe vinn dan to latet.* Ca ne te vient pas. T – Non.

IV.IX. Une confusion comparable en créole

Et que l'on n'aille pas penser que l'enfant s'est construit une représentation plus claire en créole ! Si elle catégorise les chiffres des items 1 et 2 comme des *nimero* (« numéros/numéraux ») elle attribue les lettres de ces mêmes items à la classe des *chif.* Dans les items 3 et 4, ce sont la première et la dernière lettre de la réponse, qu'elle identifie comme *premie chif* (« premier chiffre ») et *dernie chif* (« dernier chiffre »)... alors même qu'elle les avait dans un premier temps identifiés correctement comme des *letter*, en anglais ! Lors d'un nouveau retour sur ces mêmes items 3 et 4, elle catégorise cette fois ces lettres comme appartenant à la classe des *nimero* ; elles sont le *premie nimero* et le *dernie nimero* ! C'est à cette même classe qu'elle attribue ses réponses aux items 8 à 12 : *dernie nimero*, *dernie nimero*, *premie nimero*, *premie nimero* et *dernie nimero* respectivement où il lui était demandé d'identifier la phrase, la phrase de nouveau, la première phrase et enfin la dernière phrase. Serait-il possible que *nimero* déterminé par un terme ordinal réfère à tel ou tel « élément, item d'une série » ? Quand on travaille ou corrige des exercices en classe, il est fréquent que l'enseignant réfère aux sous-parties de la question par « le premier, le deuxième numéro », et ainsi de suite jusqu'au dernier. Cette interprétation serait plausible pour les déclarations de l'enfant s'agissant des items 3 et 4, et 8 à 12.

La référence à des éléments d'un item comme à des « numéros » indiquerait des processus intellectuels élémentaires, caractérisés par une structure associative, opérant selon la « pensée par complexes » (Vygotski, 1997). Si l'on se fonde sur les différents types de pensée par complexes distingués par Vygotski, on peut penser que les lettres sont assignées à la classe des numéros du fait que l'enfant rencontre souvent dans ses livres, un système d'organisation en sous-tâches numérotées par des lettres représentées en minuscule. Quant à la majuscule D, elle peut avoir été rapprochée des options de réponse – codées le plus souvent de A à D – à des tâches qui prennent la forme de QCM, un type de questions fréquemment attesté dans les cahiers d'exercices comme dans les questionnaires à Maurice !...

V. Une configuration lexico-sémantique différente selon la langue

V.I. Un répertoire lexical scientifique plus riche en français

L'examen des conduites explicatives de l'enfant lors de l'échange post-passation du test français – conduit, tout comme le test lui-même, entièrement en mode unilingue en français – révèle une configuration lexico-sémantique encore différente dans cette langue. La fillette évoque un ensemble de termes techniques plus riche qu'en anglais ou en créole ; elle mentionne ainsi « lettre, mot, chiffres, phrase », c'est-à-dire l'ensemble des concepts spécifiques de l'écrit dont le test cherche à cerner la représentation, plus un concept représenté par certains objets auxquels tel ou tel item renvoie mais qui ne figure dans aucune des consignes. Elle ne fait en revanche aucune mention de « nombre » et évoque « numéro/numéraux » une unique fois, pour désigner la suite numérique de l'item 10.

La mention de « mot » et « phrase » pose la question de ce qui a déclenché leur activation. Est-ce le contexte d'échange en français sur un test vu comme un test de langue française qui a agi comme un script générant ces mots ? Est-ce leur fréquente mention lors de la passation ? Mais pourquoi ces mêmes faits n'ont-ils pas activé les termes homologues durant l'échange sur le test anglais ? Pourquoi l'enfant ne les a-t-elle pas évoqués en créole (*cf. mo, fraz*) ? On sait qu'elle connaît le terme *mo*[22] ! Les dénominations en

[22] Nous l'avons soumise déjà à d'autres tâches qui y ont fait référence, notamment des tâches de production de mots en anglais et en français avec les consignes données dans la même langue que les vocables attendus. Elle avait réagi de manière appropriée aux consignes et manifesté une compréhension en apparence claire de ce concept dans les deux langues, voire dans les trois puisque nous lui avions proposé aussi de produire des mots en créole.

créole seraient plus difficilement activables, moins prégnantes dans sa mémoire. Pourquoi ? Serait-ce parce que ces objets ne sont pas évoqués en créole à l'école et qu'ils existent dans la conscience de l'enfant-écolière dans le vocabulaire des langues de l'école ? Et les dénominations correspondantes en anglais seraient-elles plus difficilement activables parce que, en anglais, on fait mention de ces concepts (*cf. word*, *sentence*) mais on ne les étudie pas, alors qu'ils font l'objet en français d'un enseignement explicite ? Tout comme elle mentionne des concepts et des termes en anglais qui sont étudiés durant le cours des mathématiques... Tout ceci semble indiquer que l'enseignement, tant son contenu – ce qui est attendu – que les modalités linguistiques de sa transmission – ce que l'on entrevoit moins –, a une incidence sur l'apprentissage.

V.II. Une confusion cognitive tout autant attestée

On constate toutefois qu'il existe en français aussi une grande part de confusion cognitive chez l'enfant. Elle désigne des éléments de la classe des lettres tantôt comme un « mot » (*cf.* items 1, 3), tantôt comme une lettre » (*cf.* items 2, 5), et tantôt encore comme des « chiffres » (*cf.* items 3, 5) ; elle désigne parallèlement des chiffres d'abord comme étant des « lettres » – elle laisse poindre « chiffres » mais se ravise – puis à peine quelques instants plus tard, s'agissant des mêmes chiffres, comme des « mots » (*cf.* item 1) ! Plus loin, ce sont des nombres qu'elle appelle des « lettres » (*cf.* item 6). Elle parle, dans un premier mouvement, de « premier mot » pour la première lettre dans l'item 3 ; puis, elle se ravise et désigne l'objet comme un « chiffre », le « premier chiffre », avant de faire le total des lettres dans la phrase et d'énoncer qu'elle a entouré le « premier chiffre » de cette suite de « treize chiffres » ! Elle fera encore référence, quoique avec hésitation, à « lettre » pour le mot dans l'item 5.

Item	Entité conceptuelle	Objet désigné	Désignation des objets par l'enfant	Désignation du concept par l'enfant
1	lettre	D	D	mot
2		r	r	lettre
3		V	–	(premier) mot/(premier) chiffre/chiffre
4		i	–	(dernier) chiffre
5		M, b, x	–	chiffres/lettres
1	chiffre/nombre	8, 4, 9	–	ch/lettre/mot
2		2, 6, 7	–	chiffres
6	nombres	33, 85, 52	–	lettres
5	mot	orange	–	lettre

Tableau récapitulatif des élicitations de Yordana sur le test en français

Par ailleurs, elle attribue à la classe conceptuelle de « lettre » des objets qui ressortissent tant de cette classe que de celles des chiffres/nombres et du mot :

Item	Désignation du concept par l'enfant	Objet désigné	Désignation des objets par l'enfant	Entité conceptuelle
1	lettre	8, 4, 9	–	chiffre
2		r	r	lettre
5		M, b, x	–	lettre
5		orange	–	mot
6		33, 85, 52	–	nombre/numéral

Tableau récapitulatif des objets catégorisés comme « lettre » sur le test en français

Elle fait donc de « lettre » un terme générique susceptible de référer tant à des objets de la classe-collection de lettres qu'à des nombres, voire qu'à des mots. On se souviendra que c'est le terme correspondant *letter*, et qui réfère au concept structurel minimal de la langue écrite, qu'elle avait institué en terme générique lors de l'échange à propos du test en anglais. On note donc là une invariance.

V.III. Clarté cognitive en vue ?

Vers une moindre confusion

L'item 6 marque cependant un tournant au cours de cet entretien post-passation. En effet, les items 5 à 8 portent sur un même objet, le mot. Si Yordana se trompe et désigne le mot dans l'item 5 comme étant une « lettre », dans l'item 6 elle identifie correctement, après une première amorce erronée, cet objet et en démontrera, à partir de là, une bonne compréhension. Elle identifie ses réponses pour les items 7 et 8 comme étant respectivement le « premier » et le « dernier mot » ; elle identifie les autres éléments des bandes comme étant aussi des « mots » et dénombre ceux de l'item 8.

Désormais moins confuse, la fillette centrera toutes ses explications se rapportant aux quatre derniers items, autour du concept de « phrase ». Si de fait elle se trompe dans ses délimitations des objets, il n'en demeure pas moins qu'elle identifie bien le concept en cause. Elle est capable par ailleurs d'émettre un critère à la fois original et juste pour justifier ses réponses aux items 9 et 10, celui d'espacement entre les mots : « un peu près », « les mots sont tout près », explique-t-elle. Quant à la justification de la circonscription des première et dernière phrases, il ne fait aucun doute que le concept de position et d'ordre est clair pour l'enfant.

Des concepts en puissance clairs

Qu'est-ce qui fait qu'à partir de l'item 6, Yordana fasse montre de clarté et réfère bien les objets signalés par l'encerclement aux classes conceptuelles appropriées ? Les items 1 à 5 auraient-ils été des items d'activation de savoirs non totalement acquis encore ? On peut en tout cas dire que les concepts fondamentaux de l'écrit français considéré sous sa dimension codique, « lettre, mot, phrase », sont en puissance clairs dans l'entendement de l'enfant. Cette clarté est réelle et pratiquement totale s'agissant de la capacité de reconnaissance des objets qui entrent dans ces paradigmes conceptuels ; en effet, hormis les objets candidats à la classe de « phrase », les contours graphiques des objets entrant dans les classes de « lettre » et de « mot » sont clairs pour l'enfant. En revanche sa clarté cognitive par rapport à ces mêmes concepts est pratiquement inversée dès lors qu'il s'agit de la conscience des classes et de la capacité d'inférence de la classe problématisée à partir des items et des réponses proposées à ces items. Cette capacité est reconnue cognitivement plus difficile que celle de reconnaissance. Il convient de noter ici que Yordana a moins de mal pour inférer l'actualisation des classes de « mot » et de « phrase » que celle de « lettre » lors de cet échange à propos du test en français. La « lettre », classe conceptuelle basique s'il en est et dont les éléments se combinent pour composer des structures codiques plus complexes, classe fermée aussi en opposition aux classes ouvertes du mot et de la phrase, c'est celle-là que la fillette cerne le moins bien !... Mais comme nous l'avons dit plus haut par rapport au test anglais, il est possible que ce soit précisément ces rapports structurels d'inclusion et d'emboîtement qui rendent difficile l'établissement des contours de ce concept ; il est de plus probable que le concept de lettre ne fasse plus l'objet d'un réexamen ou d'une révision en classe, son appropriation passant pour acquise. En revanche, le concept de « mot » a été travaillé durant toute la deuxième année et celui de « phrase » fait l'objet de diverses activités didactiques en troisième année de primaire.

VI. Discussion et conclusion

VI.I. Constats empiriques

S'agissant des trois classes conceptuelles de l'écrit verbal en anglais, *letter*, *word*, *sentence*, il semble qu'elles figurent dans le réservoir conceptuel mnésique de l'enfant et qu'elle s'en soit élaboré une représentation suffisamment claire pour lui permettre d'en reconnaître les éléments parmi d'autres objets, verbaux ou numériques. Seule sa représentation de *sentence* requiert encore certains ajustements, notamment pour ce qui est de ses rapports avec le concept de *lign* (« ligne »)[23]. Elle connaît en revanche les plus grandes difficultés pour attribuer les objets, qu'elle peut par ailleurs souvent désigner verbalement de manière appropriée, à l'une ou à l'autre de ces classes. Seule sa représentation de *letter*

[23] Mais cette confusion signale que ce concept est surtout formel ; il opère dans le cadre de l'ordonnancement spatial non dans celui du syntaxique. Sa représentation sémantique demande donc à être affinée.

semble claire à la fois en ce qu'il s'agit du concept, des objets individuels qui y entrent (son signifié) et de l'étiquette verbale ou du signifiant qui y correspond en anglais. Elle a toutefois parfois tendance, faute de mieux, à étendre l'extension référentielle de *letter* aux objets qui ressortissent des deux autres classes, une confusion sans doute favorisée par les rapports structurels d'inclusion entre celle-ci et celles-là. Toutefois un concept se définissant autant par ce qu'il est que par ce qu'il n'est pas, on note que la nature même des objets et surtout les rapports entre les classes d'objets peuvent être source de confusion conceptuelle et nécessitent, chez l'apprenant, un travail de clarification conceptuelle.

On note par ailleurs la prévalence des mentions de *number* et *numeral* à propos du test anglais et surtout leur inclusion dans le paradigme des concepts de l'écrit en anglais. Cela peut s'expliquer par le fait que les concepts de l'écrit numérique et les objets qui y correspondent représentent une part importante du programme des mathématiques et ont dû, à ce titre, souvent être désignés verbalement en anglais. En outre, les items du test comportent des objets numériques. Ainsi le contexte linguistique de la passation en anglais et le contexte des objets de l'écrit verbal dans le test lui-même ont agi pour activer les étiquettes verbales *numeral* et *number*, et amené le sujet à opérer à partir du paradigme *letter*, *numeral*, *number*[24] pour l'explicitation de ses réponses à propos du test anglais. L'acquisition des concepts de l'écrit verbal et numérique semble buter sur la question des représentations lexicales – représentation linguistique formelle et représentation sémantique : les représentations conceptuelles de l'écrit verbal sont en cours mais les représentations lexicales y correspondant sont, elles, moins claires.

La délimitation de *letter* étant fondamentalement acquise en anglais, on aurait pu s'attendre à une compétence au moins comparable en français, une langue d'un point de vue sociétal moins étrangère à l'enfant. Or, si l'on constate une homologie entre

---

[24] a) On se souvient du coup de l'inclusion de *number* dans la classe des objets de l'écrit en anglais ; b) sans exclure la possibilité d'un effet de la ressemblancedes structures formelles, rimes et assonances, autrement dit d'un effet d'amor-çage phonique.

les réponses faites par signalement pour les deux tests, en d'autres mots pour ce qui est de l'identification non verbale des objets entrant dans les trois classes conceptuelles testées, il n'y a en revanche guère d'homologie entre les conduites inférentielles et explicatives du sujet à propos des deux tests, pourtant étroitement symétriques. Notamment, *letter*, le concept le plus clair en anglais, semble le plus confus en français ! En effet, « lettre » est institué en terme générique pour les objets de l'écrit tant verbal que numérique. Encore une fois, il semble possible d'affirmer que les représentations conceptuelles sont en cours d'appropriation mais que les représentations lexicales sont « flottantes », mal articulées aux premières encore. Les représentations lexicales françaises s'agissant de l'écrit verbal sont en voie de définition– l'enfant les évoque toutes trois – mais sont parasitées par les objets du paradigme de l'écrit numérique.

De même, alors que le français et le créole sont objectivement proches du point de vue de leurs structures sémantiques et même de leurs signifiants et que cet apparentement est quasi transparent s'agissant des termes de l'écrit verbal (lettre = *let* ; phrase = *fraz* ; mot = *mo* ; etc.), la relation établie par l'enfant entre les signifiés et les signifiants lexicaux de ces deux langues n'est d'une part pas symétrique et est d'autre part très brouillée. La confusion du sujet est même encore plus grande en créole que dans les deux autres langues. Elle évoque lors des entretiens post-passation *chif* et *nimero* mais pas *let*, ni *fraz* ou *mo*, soit aucun terme de l'écrit verbal[25] !

Empiriquement donc, il est clair que le sujet ne fait pas preuve de la même clarté s'agissant des mêmes classes d'objets dans les trois langues de son répertoire multilingue. Il démontre le plus de clarté en anglais et le moins de clarté en créole, soit le plus de clarté dans sa L3 et le moins dans sa L1 ! Mais aussi, que vaut une clarté dans la L3 si elle n'est pas assortie d'une clarté comparable dans la L1 ou, à tout le moins, dans la L2 si c'est celle-là qui est davantage partagée par la sphère socio-familiale et la sphère scolaire ? La confusion croissante du sujet sur le *continuum* de son répertoire multilingual selon une polarité inversée à celle de sa

[25] Pourtant d'autres tâches ont montré qu'elle connaît ces termes. Il faut aussi garder en mémoire qu'elle n'a pas été soumise à un test comparable en créole.

compétence langagière reste le premier enseignement de cette étude.

On constate aussi que l'activité conceptualisatrice du sujet en direction des objets de l'écrit ne se fait pas de manière séparée selon que l'on a affaire au champ de l'écrit verbal ou de l'écrit numérique. C'est même le rapport entre ces deux champs conceptuels qui est le fondement de la confusion de l'enfant. Les traits distinctifs formels mis à jour sont parfois pertinents mais ils sont appliqués indifféremment à l'une ou à l'autre des deux classes d'objets.

VI.II. Constats théoriques

Les enseignements théoriques que l'on peut dériver de ces constats empiriques sont pléthoriques.

Ils confirment que les concepts scientifiques enseignés à l'école font l'objet d'un processus d'appropriation chez le sujet. Le concept scientifique n'est « pas un simple ensemble de liaisons associatives assimilé à l'aide de la mémoire, non pas une habileté mentale automatique mais un véritable et complexe acte de la pensée » (Vygotski, 1997 :276).

Ils confirment aussi que la formation de ces concepts est une question de généralisations de structure supérieure (*ibid.*). Désigner verbalement les lettres minuscules ou majuscules en anglais ou en français, de même que les objets numériques à un ou deux chiffres, ne suffit pas. Il faut aussi réunir toutes les collections, ouvertes ou fermées, de ces objets ou composées à partir de ces objets qui fonctionnent alors comme des constituants élémentaires de structures de niveaux supérieurs, dans des classes. Les deux champs de l'écrit verbal et de l'écrit numérique demandent ainsi à être clairement circonscrits et mis en rapport. Le sujet apprenant ne les distingue pas naturellement et ne conceptualise pas les objets du système de l'écrit *de facto* par rapport à l'un ou à l'autre mais opère à tâtons, faisant même s'interpénétrer les deux champs.

Principalement, l'étude montre que la formation des concepts scientifiques s'effectue dans un contexte d'apprentissage spécifique, ici celui fourni par l'école mauricienne et qui, en l'occurrence est celui du multilinguisme. Le sujet structure les concepts relatifs à un même champ de savoir dans chacune des langues de l'école séparément. Il opère selon le contexte comme si les tâches conceptuelles étaient dépendantes du contexte, ce contexte étant la langue. Le processus de formation des concepts scientifiques dans le contexte mauricien est donc une opération linguistiquement paramétrée. Même quand le champ conceptuel touché est commun à plusieurs langues, notamment ici aux deux langues de l'école et jusqu'à la langue vernaculaire de l'enfant, ce développement se fait de manière séparée, selon chaque langue. Cela fait que la clarté par rapport aux mêmes concepts et objets varie selon le contexte linguistique. Du point de vue général des théories de l'apprentissage, cela veut dire que l'apprentissage n'est pas déterminé par des caractéristiques internes, propres au sujet seulement mais est aussi soumis au contexte. Pour ce qui est de l'architecture des réservoirs lexicaux mnésiques, peut-être faut-il distinguer entre représentations conceptuelles et représentations lexicales. L'enseignement des concepts en non L1 introduirait un flottement entre la strate de conceptions conceptuelles et celle(s) des représentations lexicales. La confusion accentuée de l'enfant en créole confirme ce caractère paramétré du développement des concepts scientifiques ; le créole n'étant pas enseigné, le sujet ne dispose pas ici de savoirs déclaratifs qui pourraient lui servir de cadre guide pour son activité conceptualisatrice. Les sollicitations qui lui sont faites dans le cadre de ces tâches ont sans doute mis en branle un mouvement de conceptualisation s'agissant du créole. Mais quelle peut en être l'issue ?

En effet, en ce qui concerne la configuration particulière de multilinguisme pratiqué à Maurice, l'étude fait apparaître une autre problématique intéressante, celle des langues plus ou moins aménagées à ce jour pour la transmission de savoirs scientifiques. Les concepts scientifiques ont ceci de particulier, dit Vygotski, qu'ils ne surgissent pas de l'expérience comme les concepts ordinaires mais sont présentés d'en haut, du niveau des savoirs constitués. Entendons par là que ces concepts ont fait l'objet d'une activité explicite de structuration, dont les enseignants sont à la fois les dépositaires et les transmetteurs. Ces savoirs constitués et thésaurisés au fil du temps par des chercheurs et des savants experts de ces champs disciplinaires respectifs, ont pour une très large part fait l'objet de conventions scientifiques internationales de sorte que les concepts et outils de base de ces champs sont véhiculés par des termes entièrement dénotatifs, au signifié explicite et se correspondant autant que possible dans les langues de construction, de compilation et de transmission de connaissances scientifiques. Or le créole est une langue vernaculaire, non une langue de construction de savoirs scientifiques ou d'engrangement de ces savoirs, et ne fait pas l'objet d'une réification de champs conceptuels même les plus basiques.

Pour cela, il faudrait que la communauté qui utilise cette langue en revoie les fonctions et mette en place les structures nécessaires pour l'élargissement de son statut, de langue de communication vernaculaire à langue de communication vernaculaire et scientifique. S'il est vrai que toute langue est capable d'endosser tout le répertoire de fonctions dont les membres de la communauté ont besoin, faut-il encore que l'on opérationnalise cette potentialité, notamment en y (re)structurant de manière explicite certains champs conceptuels fondamentaux des disciplines. S'agissant du créole mauricien, s'il s'écrit déjà depuis longtemps et dispose de quelques systèmes graphémiques concurrents, il ne dispose pas à ce jour d'une désignation convenue de toute la collection de signes de son alphabet – qui reprend ceux de l'alphabet latin, comme le français et l'anglais. Pourtant il a donné lieu déjà à de nombreux textes de description et d'explication des systèmes graphémiques adoptés ou proposés, le dernier en date ayant même été commandité par l'État à une commission scientifique et la proposition approuvée par les plus hautes instances gouvernementales. La nécessité d'aménagement scientifique du créole est tout aussi flagrante pour le champ de la numératie pour lequel il ne pourvoit pour l'heure que deux termes, *sif* et *nimero*. Sans cet aménagement scientifique du créole, l'école mauricienne, quelle que soit sa formule linguistique de scolarisation et d'enseignement, ne pourra offrir à tous ses enfants les conditions suffisantes pour qu'ils développent la clarté cognitive nécessaire pour les apprentissages de base de la littératie et de la numératie. Nous nous retrouvons du coup à repenser à cette affirmation de John & Horner (1971), citée par Downing & Fijalkow :

« Les enfants entre cinq et sept ans utilisent de plus en plus le langage pour résoudre des problèmes. Quand les idées sont formées dans une langue il est difficile de les exprimer dans une autre langue, et les essais infructueux de traduction que fait l'enfant peut le conduire à une forte frustration et à une perte d'intérêt pour l'expression des idées… [Par conséquent] quand l'école tente d'enseigner une langue seconde avant que l'enfant n'ait développé les savoirs cognitifs adéquats dans sa langue maternelle, l'enfant peut devenir un enfant 'non-verbal' dont le fonctionnement tant dans sa langue maternelle que dans sa langue seconde ne se développe que de façon limitée. Le résultat en est la confusion cognitive. » (1990 : 190)

Mais la situation mauricienne est encore plus hasardeuse que celle évoquée par ces auteurs puisqu'elle ne permet pas aux enfants d'avoir des idées même dans leur langue, celle-ci n'étant pas encore équipée pour des usages scientifiques qu'on leur demande, à eux, de maîtriser ! Tout ceci illustre sans doute la situation confuse et l'avenir encore incertain des langues non normées devant la nécessité d'adaptation à de nouveaux contextes d'utilisation sous peine de disparaître ou de se folkloriser, mais surtout met en exergue l'obstacle épistémologique que la situation mauricienne met en travers de l'apprentissage de ses sujets. Le titre de ce travail devrait donc être revu pour y inclure comme une dimension importante de la situation de multilinguisme scolaire problématisée le statut vernaculaire de la L1. Cette nouvelle problématisation peut peut-être s'avérer une nouvelle entrée pour comprendre bien des situations d'apprentissage problématiques dans des pays multilingues du Sud…

INFLUENCES INTERLINGUISTIQUES ET APPROPRIATION DU FRANÇAIS EN ZONE FRANCO-CRÉOLE

Rada Tirvassen
Mauritius Institute of Education & UMR 7114 CNRS

I. Introduction

Les recherches sur l'appropriation des langues secondes/étrangères ont alterné entre la prise en compte ou le rejet total de l'impact de L1 sur le mode d'apprentissage de L2/LE. En effet, des premières tentatives de conceptualisation des productions des apprenants de L2 à partir de la notion de lecte d'apprenant qui postule qu'il existe une similitude entre les processus d'acquisition de L1 et de L2 aux recherches sur l'acquisition du langage qui prennent pour point de départ que l'apprenant de L2 est un explorateur d'espaces interlinguistiques (Véronique, 2005) lorsqu'il met en œuvre ses stratégies cognitives d'apprentissage de L2, on est passé d'une négation du rôle de L1 à une démarche qui replace l'apprentissage des langues dans une conception plus élargie de la notion de transfert.

Si on peut comprendre que les orientations diverses que prend la recherche dépendent des présupposés théoriques voire idéologiques du cadre dont on s'inspire pour les conduire, les interrogations qui proviennent du terrain (celles des enseignants chargés de faire apprendre la langue, des concepteurs de matériels pédagogiques, des formateurs d'enseignants, etc.), laissent peu de doute sur la pertinence d'une réflexion approfondie au sujet du rôle que joue L1 lors de l'appropriation de L2. Cette démarche est d'autant plus nécessaire qu'en zone franco-créole, le rapport de parenté entre le créole et le français et les contacts entre ces deux langues ont donné lieu, ces dernières années, à des positionnements scientifiques sinon contestables du moins peu éclairants[26]. Il est alors nécessaire de renouveler ce discours en s'appuyant sur des enquêtes de terrain menées à partir d'un outillage théorique fiable.

C'est en tout cas ce que tentera cette recherche qui vise à comprendre si l'apprenant mauricien est un explorateur d'espaces interlinguistiques quand il apprend le français avant de tenter de comprendre quelques aspects de ce processus. Poursuivant des travaux menés sur cette question depuis quelques années (Tirvassen, 2001, 2005a & 2007b), nous comparerons les traits morphosyntaxiques et lexicaux que présentent des productions langagières de trois apprenants qui se trouvent à trois stades différents de leur appropriation du français. Cette langue est une L2 pour deux d'entre eux et une langue qui a un statut intermédiaire entre LS (une langue seconde, c'est-à-dire une langue avec laquelle il est en contact étroit hors de l'école) et L2 pour un troisième témoin. Au-delà de l'interrogation qui sous-tend cette recherche, il s'agira d'identifier les principes théoriques qui peuvent modéliser les constats effectués ainsi que générer des pistes pour une pédagogie du français qui puisse prendre en compte le profil psycholinguistique des apprenants et les stratégies qu'ils mettent en œuvre pour apprendre la langue cible.

II. Quelques questions méthodologiques

Sur le plan méthodologique, on s'est inspiré d'une approche pseudo-longitudinale en inscrivant les profils que présentent les trois témoins dans une échelle de compétences qui va de la compétence la plus basique à celle qui est la plus avancée. On sait que la démarche longitudinale permet de reconstituer la dynamique du processus acquisitionnel en suivant un ou plusieurs apprenants pendant une période de temps ; l'approche pseudo-longitudinale vise à recueillir des données en recréant, de manière artificielle, cette dynamique acquisitionnelle à partir de productions d'apprenants représentatifs des diverses étapes de l'appropriation

[26] On emploie, assez fréquemment, dans le discours scientifique dans la zone du sud-ouest de l'océan Indien, l'expression *productions mélangées*. Elle est non seulement imprécise mais aussi s'inscrit dans le paradigme des termes qui culpabilisent les écarts par rapport à « la » norme.

d'une langue ou d'un point spécifique du système de la langue. Soulignons toutefois que le corpus de faible étendue dont nous disposons ne permettait pas la mise en place d'une approche pseudo-longitudinale rigoureuse. Par ailleurs, si notre conception du terme profil repose sur le principe qu'il existe une variabilité de connaissances et de capacités en langue étrangère que l'on peut mesurer à partir d'outils docimologiques classiques (Véronique, 1994 : 116), nous nous sommes contenté d'une évaluation subjective rapide pour hiérarchiser les trois profils.

La deuxième question méthodologique à laquelle nous avons été confronté a porté sur le tri que l'on devait effectuer dans l'ensemble des types d'énoncés que nous avons recueillis parce que ceux-ci ne constituent pas un tout homogène. Certains relèvent de la morphosyntaxe du français, d'autres du créole et d'autres encore présentent des caractéristiques assez spécifiques qui seront présentées plus loin. Une première solution provient de la typologie élaborée par Klein (1989) et qui porte sur les énoncés produits par des apprenants au tout début de leur appropriation de L2. Selon Klein, les différentes variétés qui marquent le passage vers la variété avancée de L2 s'inscrivent dans la dynamique suivante :

1° les premiers « énoncés » produits ne sont pas structurés selon les règles grammaticales de L2 mais selon des principes pragmatiques ;

2° les premiers énoncés structurés selon les règles de L2 relèvent d'une variété basique dont les caractéristiques sont les suivantes :

– on trouve des traces à la fois de L2 et de L1 ;

– les structures syntaxiques sont en nombre réduit et sont, du moins quand il s'agit des langues indo-européennes, toujours du type : SN-SV ; SN1-V-SN2 ; SN1-Cop-SN2 ; SN1-V-SN2-SN3 ;

3° le passage de cette variété de base à une variété post-basique est marqué par un développement sur trois plans : le système des pronoms, la morphologie verbale et la subordination.

On peut penser que le terme « variété » est peut-être inapproprié surtout pour les premiers stades de l'appropriation de L2 puisque les productions sont caractérisées par l'absence de règles systématiques. Mais il ne nous semble pas pertinent de nous attarder sur ce détail alors que l'apport de Klein se situe ailleurs et permet d'effectuer un tri rapide, voire efficace entre les données obtenues. En effet, l'intérêt de la typologie de Klein est qu'elle permet d'établir une distinction entre les énoncés produits à partir de la simplification et de la surgénéralisation de règles caractérisant les systèmes d'apprenants en cours d'appropriation de L2 ou LE et ceux qui relèvent des besoins pragmatiques de témoins. On sait en effet que, dans une enquête conduite en L2, il leur faut répondre à des questions dans une langue qu'ils maîtrisent à peine, ce qui les amène à avoir recours à leur L1 ou à des stratégies discursives qui sont peu pertinentes pour la recherche acquisitionnelle.

Le premier volet de cette étude porte justement sur les lectes développés par les témoins. Si l'on s'appuie sur Noyau (1998), on peut penser que passé le stade du lecte de base (*learner variety* de Klein), les apprenants structurent leurs lectes de base tant du point de vue formel que sémantique, c'est-à-dire qu'ils sont dans un processus de grammaticalisation :

« En linguistique diachronique et typologique, le terme de grammaticalisation renvoie traditionnellement à un ensemble de processus unidirectionnels d'évolution linguistique qui ont pour point de départ une unité linguistique indépendante (un lexème, un morphème, ou une construction) qui est employée dans certains contextes pragmatiques et morphosyntaxiques spécifiques et hautement localisés, et qui devient graduellement plus liée, perdant sa complexité sémantique, sa pertinence pragmatique, sa liberté syntaxique et sa substance phonétique, bref, son autonomie. » (Housen, 1998 : 209).

De manière plus générale, on peut dire que dans l'acquisition de L2, la grammaticalisation est le processus de mouvement vers la norme de la langue-cible (Bartning, 1988 : 211). Pour l'essentiel, nous analyserons l'expression de la temporalité des apprenants comme une des clefs permettant la restructuration majeure de leurs lectes. Le second volet de cette étude vise à fournir quelques indications au sujet de la nature des indices de L1 dans les productions des témoins avant qu'on ne tente de les inscrire dans une réflexion plus générale au sujet des rapports entre L1 et L2 dans le processus d'appropriation de L2.

III. Les catégories aspecto-temporelles dans les interlangues des apprenants

III.I. Quelques repères théoriques

Noyau (1991) qui offre des repères théoriques et des outils méthodologiques pour analyser l'acquisition de la temporalité afin d'accéder à un des types majeurs de la restructuration des lectes d'apprenants pose la représentation conceptuelle de la temporalité comme un préalable indispensable à la compréhension du processus acquisitionnel. Parce que sa démarche est translinguistique, Noyau prend la situation comme l'unité de base pour l'information temporelle que contiennent les productions narratives. Pour représenter l'information temporelle énoncée dans le discours, celle-ci se donne trois repères précis :

1° le moment de la parole (MP) ;

2° le moment de la situation (MS) ou intervalle temporel associé à la situation ;

3° le moment-en-question (MQ), c'est-à-dire l'intervalle temporel sur lequel porte l'assertion.

Une assertion (toute production de la parole) peut établir un lien entre MQ et MP. On parle alors d'une temporalité externe. Toutefois, lorsque MQ est associé à MS sans référence à MP, on parle alors de perspective temporelle. Il existe aussi un troisième type de temporalité constitutive des situations : c'est la temporalité inhérente.

La référenciation de la temporalité externe

La temporalité externe opère à partir de trois repères : un repère sur l'axe temporel ; un intervalle temporel sur lequel porte l'assertion ; l'indication de la relation entre l'intervalle occupé par la situation et cet intervalle asserté. Dès que l'on passe du champ conceptuel à son organisation au plan linguistique, Colette Noyau identifie trois types de repères : anaphorique, autonome et déictique. Enfin, un énoncé peut comporter plus d'un type de repère. Ce genre d'énoncé est appelé composite.

La perspective temporelle

Les perspectives temporelles permettent d'appréhender les différentes façons dont l'assertion d'un énoncé aborde le moment en question par rapport au moment de la situation. On peut rapprocher cette notion de perspective temporelle de celle d'aspect grammatical que la linguiste distingue des caractéristiques temporelles internes des procès. Si l'on reprend des propos qui nous sont plus familiers[27], on dira que l'« aspect » désigne la structure interne du procès tel qu'il est conçu et montré. Cette catégorie d'aspect est indiquée essentiellement par les marqueurs grammaticaux (temps morphologiques, co-verbes, adverbes d'aspect, etc.).

III.II. L'expression de la temporalité dans les productions des trois témoins

Les marques aspecto-temporelles dans les productions de Laval

Si l'on fait un décompte des marques flexionnelles employées par Laval, on se rend compte que la forme infinitive est bien plus utilisée que les autres : il utilise 10 fois le schème V-[e], une fois le schème Aux-V-[e] et 14 fois le schème V-Ø. Par ailleurs, il est nécessaire de signaler qu'il use de la forme non fléchie (« il sourire » et « il partir ») quatre fois, ce qui peut nous amener à nous interroger sur le schème V-[e]. Il est fort possible qu'il s'agisse en fait de la forme infinitive même s'il peut aussi s'agir du participe passé comme des deux.

Si maintenant on tente quelque rapprochement entre les marques grammaticales et les catégories aspecto-temporelles, il est essentiel de signaler que les précisions temporelles sont fournies par l'enquêteur :

Si mo dire toi raconte moi en français qu'est ce que tu as fait ce matin, ki to pou dire moi, qu'est ce que tu as fait ? (= si je te demande de me raconter ce que tu as fait ce matin qu'est-ce que tu me diras, qu'est-ce que tu as fait ?)

Si l'on se fonde sur l'adéquation des réponses aux questions où les éléments déictiques employés constituent un repère temporel et sémantique indéniable, on peut penser que la catégorie aspecto-temporelle potentiellement exprimée n'est pas étrangère à l'enfant.

---

[27] Gosselin, http ://rescif.risc.cnrs.fr/Ecole/temps–aspect.html.

C'est d'ailleurs une catégorie développée par les enfants mauriciens en L1 quand ils ont atteint l'âge de Laval, c'est-à-dire quatre ans (Adone, 1994). Dès lors qu'il s'agit d'évoquer des procès que l'on peut interpréter comme étant révolus, le témoin emploie différents schèmes marqués par une coexistence de la forme non fléchie, de la forme Ø et de la structure auxiliaire + V-[e]. Voici donc les schèmes employés :

1° le schème V-Ø (7 occurrences) ;
2° le schème V-[e] (3 occurrences) ;
3° la forme non fléchie (3 occurrences) ;
4° l'auxiliaire + V-[e] (4 occurrences) ;
5° l'auxiliaire suivi de l'infinitif (4 occurrences).

On peut faire les mêmes constats lorsque l'enquêteur demande au témoin d'évoquer des procès habituels (très rares) et surtout ceux qui se déroulent au moment de la parole (MP). Laval use des marques suivantes :

1° le schème V-Ø (2 occurrences) ;
2° le schème V-[e] (4 occurrences) ;
3° la forme non fléchie (1 occurrence) ;
4° l'auxiliaire + V-[e] (1 occurrence) ;
5° l'auxiliaire +forme non fléchie (4 occurrences).

Enfin, lorsque le témoin est appelé à évoquer des événements à venir, il use des schèmes suivants :

1° le schème V-Ø (5 occurrences) ;
2° le schème V-[e] (4 occurrences) ;
3° la forme non fléchie (2 occurrences) ;
4° l'auxiliaire + V-[e] (1 occurrence).

Les tableaux qui suivent résument les explications fournies ci-dessus. Précisons que le titre qui renvoie aux catégories aspecto-temporelles prend en compte les repères fournis par l'enquêteur et non l'expression du témoin.

L'expression d'un événement habituel

Schème V-Ø	Schème V-[e]
et je croise les bras comsa	kan miss dit moi metter la main dans la bouche comsa, croiser les bras
	je jouer avec mes amis
	et puis jouer couk cassiette

Situation interprétée comme des procès contemporains au ME

le schème V-Ø	Forme infinitive	Aux + verbe
	puis il sourire	
il est contente		et puis son cheveux est fait comsa
		il est sourire sa si
		si a sourire, sa si a sourire, sa si a

L'expression de procès révolus

Schème V-Ø	Aux + V-[e]	Forme non fléchie	Forme V-[e]
Je mange du pain	puis il a couché		Je allongé
Je bois du thé	j'ai oublié	Et puis partir	
Je pars à l'école	quand j'si lavé le jou jou, j'ai ramassé dans le plastique		je parer moi
(il a couché), et puis li boit son du thé		et puis je partir	
et puis je brosse mo le dents		apres je partir	
et puis je prend un serviette			je jouer joujou ménage avec mon
et puis je change mo linge l'école			

L'expression de procès à venir

Schème V-Ø	Utilisation de la forme non fléchie	Utilisation de la forme V-[e]	Aux + V-[e]
je donne mo maman enn fleur			Quand l'école a largué
je prend enn goude de l'eau		je arroser	
coupe les carottes		jouer et puis regarder la ti komik	
je va travail		et puis li jouer	
et je travail a soir	il s'asseoir		
je pas all la maison	(je va travail) : et puis je dormir	puis je re-lever	

On peut penser qu'il n'y a aucune structuration des catégories aspecto-temporelles dans les productions du témoin. Le témoin est probablement à une étape où il repère des marques flexionnelles sans pouvoir les structurer autour de quelques notions aspecto-temporelles. Laval utilise le passé composé où l'auxiliaire et le participe passé sont correctement employés (*j'ai mangé tout ; j'ai oublié* ; *j'ai ramassé dans le plastique*) mais il est difficile de savoir s'il ne s'agit pas de routines ; en revanche lorsqu'il confond les auxiliaires *avoir* et *être* (*je suis lavé, il a couché*), on peut sans se tromper parler d'un repérage d'une structure à caractère idiosyncrasique mais qui indique un traitement individuel d'un type d'input de la langue cible. De la même manière il produit l'énoncé *je va travail* qui non plus ne peut pas être une routine. On peut donc conclure que les marques flexionnelles ne relèvent pas d'une structuration des catégories aspecto-temporelles : elles constituent des indicateurs d'une émergence des marques flexionnelles de la morphologie verbale en français.

Les marques aspecto-temporelles dans les productions de Stacy

Les productions de Stacy présentent des particularités différentes de celles de Laval. Elle utilise 23 fois le schème V-Ø et 7 fois le schème V- [e]. Elle emploie cette forme Ø 13 fois pour exprimer des événements habituels ou des événements contemporains au MP. Pour évoquer ces situations, elle n'emploie le schème V-[e] que 4 fois. D'ailleurs, dans deux cas, les verbes ne sont pas précédés de sujet ; on peut se demander si ces formes ne sont pas perçues comme des entités lexicales ou comme des expressions idiomatiques. Par ailleurs, il est possible de penser qu'il y a aussi sinon un début de catégorisation aspecto-temporelle, du moins un repérage de certaines marques flexionnelles dont le schème V-Ø et une intégration dans son lecte de l'opposition schème V-Ø/forme non fléchie. Si maintenant on tente quelque rapprochement entre les marques grammaticales et les catégories sémantiques potentiellement exprimées, on peut penser, dans une première hypothèse, que le schème V-Ø est peut-être identifié avec d'une part l'expression de l'habitude et, d'autre part, un rapport de simultanéité entre un procès et le ME (les indices sont moins sûrs). L'autre hypothèse consisterait à associer le schème V-Ø comme la forme de base de la représentation linguistique de la temporalité (Noyau, 1998) en particulier si on prend en compte le nombre élevé d'occurrences de cette forme pour l'expression des autres catégories aspecto-temporelles. Tout ceci signifie que le témoin est à la première étape de la structuration de ces catégories. Par exemple, l'expression du prospectif se fait au moyen du schème V-Ø, du schème V-[e] et de la forme non-fléchie. Stacy emploie le schème V-Ø 6 fois ; il y a 3 occurrences de V-[e], 3 autres de la forme non fléchie et 1 fois la structure auxiliaire+ V-[e].

S'agissant de l'expression de l'accompli, on peut faire plusieurs hypothèses. A la question « ce matin qu'est-ce que tu as fait ? » Stacy répond « *j'ai dormi… je lève… dada lève… je mange biscuit… après je pars l'école…* ». Il est possible de faire trois constats au sujet de cette suite d'énoncés :

1° on peut raisonnablement affirmer que les réponses fournies correspondent aux informations demandées ;

2° elles s'inscrivent dans une logique qui correspond à une référence temporelle fournie par l'enquêteur ; la précision des informations s'explique, entre autres, par le repérage temporel réalisé par le syntagme « ce matin » ;

3° il est toutefois possible de faire l'hypothèse que le témoin a déjà développé la notion d'accompli dans sa L1 (Adone, 1994) mais n'a ni repéré les marques formelles nécessaires pour l'exprimer ni fait l'association entre une catégorie notionnelle et une marque formelle. Ce constat se confirme dans la suite d'énoncés produits après la question :

« *ce matin, qu'est-ce que tu as fait* ? ». Le témoin affirme « *je boire du lait… j'ai travaillé le maison… après je pars à l'école… après je brosse les dents… je l'habillé… après je dormi…* ». Dans les trois premiers énoncés elle use de trois marques formelles différentes. *Je l'habillé* et *je dormi* peuvent relever d'emprunts lexicaux (avec des tentatives de francisation) au créole. En fait, Stacy n'emploie qu'une seule fois la structure auxiliaire suivie du participe passé pour exprimer l'accompli. Elle utilise d'ailleurs cette même structure pour évoquer l'avenir. Il est à noter que le témoin est capable d'établir une relation d'ordre entre des événements puisqu'à plusieurs reprises elle emploie *après*.

Par ailleurs, on trouve d'autres traces d'un repérage des marques flexionnelles ou des structures même si leur emploi ne correspond pas aux catégories aspecto-temporelles « correctes » : Stacy emploie, à 3 reprises, l'auxiliaire *avoir ;* dans 2 énoncés, elle utilise correctement l'auxiliaire *avoir* et dans le troisième, elle généralise l'emploi de l'auxiliaire *avoir* au détriment de *être : J'ai dormi...j'ai travaillé la maison... un garçon a part à l'école.* Enfin, Stacy n'emploie pas la particule pronominale avec les verbes pronominaux mais elle l'emploie avec des verbes non pronominaux : *Je lève... dada lève... je brosse les dents... je d'habillé… les filles se parent à la mer... Elle se part.* On peut donc raisonnablement affirmer que le repérage des marques formelles appartenant à la morphologie verbale de la langue cible est à un stade plus avancé que celui atteint par Laval.

Pour résumer les propos tenus ci-dessus, nous présentons des tableaux avec toutefois les précautions signalées au sujet des productions de Laval.

Situation interprétée comme un procès habituel

Le schème V-Ø	Le schème V-[e]	Auxiliaire + verbe
je pars à la maison…	nager	
	(après) manzé	

Situation interprétée comme des procès contemporains au ME

La forme Ø	Le schème V-[e]	Auxiliaire + verbe
madame coupe diberre	le chien *dormi.*	
donne à manzé à les enfants	le chien levé.	
il part à l'école…		
elle parle avec zotte zamis…		
les filles se parent à la mer		
part à la mer…		
regarde toutou là		
part à Winners…		
passe Winners…		
zotte part à (?) l'école		
elle part Winners		
elle se part		

L'expression de procès révolus

La forme Ø	Aux V-[e]	Forme non fléchie
je lève…	j'ai dormi	faire calin avec Oustarika
dada lève…		
je mange biscuit…		
après je pars l'école		

L'expression de procès à venir

Utilisation de la forme Ø	Utilisation de la forme infinitive	Utilisation de la forme V-[e]	Aux + e
papi vient cherche moi	aprè je boire zis…		j'ai travaillé le maison
après je pars Rose-Hill		je joué *enn ti peu*	
après je pars à l'école	je boire du lait		
après je brosse les dents…			
après je pars à l'école		je *l'habillé*	
		après je *dormi*	

Les marques aspecto-temporelles dans les productions de Rachelle

Rachelle, elle, est à un stade bien plus avancé : elle a déjà maîtrisé les formes de la première et de la troisième personnes du présent de l'indicatif des verbes réguliers et irréguliers ; Laval, lui, est encore en train de développer la règle du présent de l'indicatif des verbes réguliers. Rachelle maîtrise presque le participe passé des verbes réguliers et irréguliers, ce qui n'est pas le cas pour Stacy et Laval. Enfin, Rachelle a déjà développé la structure « auxiliaire suivi du participe passé » pour exprimer l'accompli. Au-delà des formes, Rachelle produit elle-même des éléments déictiques : « Il y a balançoire… balançoire bébête est cassé… Hier que le… hier elle est tarrangé… Hier elle est pas arrangé… ». De la même manière, pour évoquer le prospectif, elle emploie la périphrase verbale : « Quand je vais venir grande après je vais partir sur chemin pour acheter gâteau… »

Par ailleurs, elle utilise correctement un verbe à l'imparfait (« il y avait du sang ») ainsi que deux occurrences de la forme passive. Mis à part la variété des formes employées, on peut noter une structuration nette des relations entre certaines marques flexionnelles et des catégories aspecto-temporelles auxquelles elles correspondent dans la grammaire des adultes. Les tableaux illustrent bien ce point. L'expression d'un événement/processus contemporain au ME se fait au moyen de la forme Ø. Les deux seuls écarts par rapport à cette règle sont *galoupé* et *joué boule* qui ne sont pas précédés d'un syntagme nominal et qui peuvent être perçus comme des expressions idiomatiques. De la même manière, la structure auxiliaire suivi du participe passé est quasiment la seule employée pour rendre compte de l'accompli. Certes, elle a tendance à généraliser l'auxiliaire *avoir* au détriment de *être*, mais c'est une première étape vers la maîtrise de la distinction entre les verbes qui sont conjugués avec les auxiliaires *être* et *avoir*. Enfin, l'avenir est exprimé au moyen de la périphrase verbale.

L'expression d'un événement/processus contemporain au ME[28]

Schème V-Ø	Schème V-[e]
passe sur dupain	Galoupé
Il boit du lait…	Joué boule
Il mange mine avec fourchette…	
part l'école…	
Elles marchent… part l'école	
Il déboute ces deux-la	
Ils jouent boule il y a une boule là	
elles marchent… pour partir à l'école	
le chien sisite… (ici) le chien déboute	
Le garçon pêche le poisson	
Le chien trappe le poisson avec la bouche	
Le garçon fait comme ça	
Elle ferme ses yeux	
le fille donne le gobelet ce garçon-là…	
Elle regarde là-bas…	

[28] La forme auxiliaire + V-[e] n'est jamais employée.

L'expression d'événements accomplis

Auxiliaire+V-e	Schème V-Ø	Forme non fléchie	Schème V-e
J'ai dessiné	après je pars l'école…		Ce matin je *dormi…*
J'ai joué		Je boire just du lait	
Cédrick, elle m'a batté			
Moi je l'ai pas batté moi			
Elle m'a griffé là…			
Ma maman a batté Cédrick.			
J'ai nagé…			
Après j'ai parti jardin d'enfants			
balançoire bébète est cassé…			
Ma maman a regardé			
après j'ai glissé			
elle est tarrangé…			
elle est pas arrangé			
Après j'ai monté petit bâteau			
J'ai joué dans la mer			
Christopher aussi est parti			
quand j'ai fini mangé mine appollo avec dizoeuf			
Ma grand-mère a parti chez Georges…			
Elle est parti regarder Marie-Ange…			
Le chien a fait méchant			

L'expression du prospectif :

L'expression du prospectif se réalise uniquement par utilisation de la périphrase verbale mais jamais avec la forme infinitive ou la forme en « e » : Exemples : je vais jouer ; avec Chrystel je vais jouer… ; quand je vais venir grande après je vais partir sur chemin pour acheter gâteau…

Si l'on fait le point autour des caractéristiques morphosyntaxiques des énoncés produits par nos trois témoins, on peut affirmer que Laval produit une variété basique alors que Stacy produit une variété post-basique de L2 marquée par l'émergence des règles de la morphologie verbale du français. Laval ne structure ses marques flexionnelles ni du point de vue de la morphologie verbale ni au plan aspecto-temporel. Stacy montre une première tentative d'une structuration du schème V-Ø du point de vue des règles de la morphologie et a tendance à employer cette flexion comme la forme de base de la morphologie verbale, ce qui constitue une première étape vers la temporalité morphologique. Les productions de Rachelle s'inscrivent davantage dans une variété plus avancée que celles de Stacy et de Laval, du moins s'agissant de la morphologie temporo-aspectuelle : elle a déjà maîtrisé les règles fondamentales de la morphosyntaxe du français et évolue vers des règles complexes. Il reste maintenant à analyser les types d'indices de L1 qui se retrouvent dans ces deux variétés des interlangues des témoins.

IV. Les indices de L1

IV.I. Énoncés entièrement en créole

L'objectif simple que nous nous sommes donné a consisté à fournir quelques indications statistiques sur le nombre respectif d'énoncés en créole et en français même si nous savons qu'il est toujours risqué de procéder à ce genre d'exercice puisque les actes de parole produits ne correspondent pas à des énoncés : exemples : *Brian einn, ein. jouer et puis regarder la ti komik.*

Les chiffres fournis n'offrent que de vagues indications des types d'énoncés produits. Si l'on se fonde sur le repérage effectué, on peut dire que Laval produit environ 25 énoncés en créole et 34 énoncés en français. Stacy, elle, produit environ 20 énoncés en créole et le même nombre en français. Enfin, il n'y aucun énoncé en créole dans les productions de Rachelle. Il est utile de signaler qu'il existe un rapport étroit entre les énoncés en créole et les variétés de L2. On peut penser, en nous fondant sur nos observations, que la variété basique est plus perméable aux énoncés en créole qu'une variété avancée de L2.

Ouvrons une parenthèse pour dire que les énoncés en créole constituent des réponses à des questions posées en français :

E : Hier à la maison, qu'est-ce que tu as fait ?

T : Je allongé

E : Oui

T : Après mo guet television

E : Non en français. Après qu'est-ce que tu as fait ?

T : Je hmmm

E : Je ?

T : Je…. Couché

Ainsi que le montre cet extrait, le témoin a les compétences « passives » nécessaires à la compréhension des questions posées par l'enquêteur ; par ailleurs, il maîtrise aussi deux règles sociolinguistiques. La première suppose une réponse, en français, à une question posée en français. C'est la raison pour laquelle il francisera certains énoncés produits en créole (voir dans la partie suivante). Toutefois, il sait aussi que ses insuffisances dans les compétences en français peuvent être palliées par des productions en créole. C'est ce que montre l'extrait ci-dessous, qui rend compte d'une activité de communication en français entre sa maîtresse et les écoliers de sa classe :

Extrait 1 :

Ens : qu'est-ce que tu pars faire quand tu vas à la mer ? App : pour nager

Ens : tout le monde part juste pour nager ? App : pour pêcher

Ens : mais quand on a fini de nager qu'est-ce qu'on fait ?

App : *miss mo ale dan bateau moi* (= mademoiselle, moi je fais un petit tour en pirogue).

Ens : on peut partir en bateau…encore, qu'est-ce qu'on peut faire encore ? quand on est sur le sable ? quand on va à la mer il y a le sable ?

Dans cette classe de pratiques de la communication orale en français, l'institutrice travaillait sur le thème de la mer. Elle voulait s'assurer que les enfants comprenaient ce qu'elle disait et pouvaient répondre, si possible en français, aux questions qu'elle leur posait. Dans cette interaction (qui ressemble à bien d'autres) entre les enfants et la maîtresse, les enfants répondent spontanément en créole quand ils n'ont pas les compétences nécessaires en L1 et la maîtresse reformule en français les réponses sans sanction aucune.

Les énoncés entièrement en créole ainsi que les autres indices du créole s'expliquent donc par la nécessité dans laquelle se trouve l'apprenant de participer à un échange communicationnel dans une langue qu'il ne maîtrise pas. Les compétences développées par le témoin T3 lui permettent d'éviter des énoncés entièrement en créole.

IV.II. Énoncés en créole avec indices de francisation

T1	T2	T3
Je allongé	je boire zis… je joué *enn ti peu*	Pache fromage…
Sorter alle travail	donne à manzé à les enfants	
Et puis je brosse mo le dents	le chien levé	
Assier moi kan miss dit moi metter la main dans la bouche comsa, croiser les bras et je croise les bras comsa… je parer moi aussi		
Je pas all la maison		
Quand l'école a largué		
Je donne mo maman enn		
Cuit le manger, et puis all assizer et brille le manger		
Il s'asseoir et puis, couma il s'apelle ein, apres quand manger est brille, et puis galouper vini donn nous manger		

En nous appuyant sur la typologie de Klein, nous avons repéré les énoncés qui ne sont pas structurés selon les règles grammaticales de L2 mais où l'on trouve des traces à la fois de L2 et de L1.

Exemples :

Je allonger : si le pronom personnel *je* relève du français, *allonger* peut à la fois être un emprunt lexical au créole ou l'usage d'un verbe pronominal sans la particule pronominale et sans la marque flexionnelle adéquate.

Sorter alle travail : *sorter* est peut-être employé comme un lexème français mais sans la marque flexionnelle adéquate ; la forme infinitive non plus ne convient pas puisqu'il peut s'agir de l'usage de la forme infinitive des verbes réguliers au détriment d'un verbe irrégulier. En revanche, *alle travail* est une structure morphosyntaxique empruntée au créole.

Et puis je brosse mo le dents : on note l'usage de la conjonction de coordination *et* et d'un adverbe français (*puis*) ainsi que du pronom personnel ; en revanche l'adjectif possessif *mo* ainsi que le lexème *ledan* sont empruntés au créole.

On retrouve les mêmes types d'énoncés mais en nombre nettement plus réduit dans les productions de Stacy.

Ces énoncés manifestent un désir de communiquer en français. Toutefois, il est évident que le témoin ne maîtrise pas les règles morphosyntaxiques ainsi que le vocabulaire nécessaires pour s'exprimer en français. Ce constat ainsi que celui évoqué dans la partie précédente confirment qu'il est nécessaire, en situation didactique, de prendre en compte les besoins communicationnels des apprenants qui doivent s'exprimer dans une langue qu'ils ne maîtrisent pas.

IV.III. Les emprunts lexicaux

Notre première tâche dans cette partie consacrée aux emprunts lexicaux a consisté à faire un tri entre les lexèmes qui sont utilisés dans des énoncés en créole (ils n'ont pas été pris en compte) et ceux qui sont utilisés dans des énoncés en français. Par la suite, nous avons établi une typologie des emprunts selon les caractéristiques qu'ils présentent. Pour rendre plus facile une interprétation des données recueillies, nous avons encore une fois présenté, sous forme de tableau, les lexèmes retenus :

Emprunts de termes grammaticaux	puis je change *mo* linge je prend *enn* goude de l'eau et je arroser je change *mo* linge l'école ; sa si est sourire	Laval
	Papi vient cherche *moi* Elle parle avec *zotte* zamis *Zotte* part à l'école	Stacy
		Rachelle
Emprunts de termes inexistants en français	linge l'école ; couk cassiet ; quand manger	Laval
	Suyer ; risse	Stacy
	Le van ; dizoeuf ; trappe	Rachelle
Emprunts de termes employés avec le sens qu'ils ont en créole		Laval
		Stacy
	Elle m'a batté ; balançoire ; arrangé	Rachelle

Ainsi qu'on peut le constater, tous les témoins ont recours à l'emprunt lexical. Toutefois, la nature des emprunts varie selon les types de variété de langue que produisent les témoins : seuls Laval et Stacy empruntent des termes qui ont, dans l'énoncé, une fonction grammaticale. Rachelle ne les emploie pas. On constate par ailleurs que sa maîtrise des termes grammaticaux va au-delà des pronoms personnels, des déterminants et des prépositions puisqu'elle use du pronom complément : *moi je l'ai pas batté* ; *elle m'a batté*. Notre corpus n'étant pas suffisamment étendu pour que l'on puisse tirer des enseignements à caractère général sur le phénomène de l'emprunt, on peut penser qu'une hypothèse qui pourrait donner lieu à d'autres recherches devrait concerner la question de l'emprunt de mots outils. On peut en effet penser que le processus de grammaticalisation en L2 se caractérise par une élimination progressive de cette catégorie de termes. En revanche les emprunts strictement lexicaux sont présents dans les productions des trois témoins. Si l'on s'appuie sur notre connaissance des productions d'apprenants de L2, on peut là aussi penser qu'il y aurait lieu de vérifier si les termes créoles qui ont leur équivalent en français régional mauricien ne disparaissent pas progressivement. On peut tenter un rapprochement entre les constats réalisés dans ces observations et d'autres enquêtes qui portent plus spécifiquement sur l'utilisation des dialectalismes.

D'abord, les termes qui n'existent pas en français régional mauricien disparaissent. Par exemple, les termes qui présentent la particularité d'être plus simples sur le plan morphosyntaxique (*il déboute* et « il se met debout » : en gros, on en fait un lexème simple à partir d'un lexème complexe) ainsi que les termes créoles dont les formes créoles sont identifiables : *balier* (pour balayer) ; *galouper* (pour galoper) ; *trappe* (pour attraper) seront remplacés par leurs équivalents en français. Ensuite, les termes qui sont utilisés avec la signification qu'ils ont en créole seront remplacés par leurs équivalents en français : *arrangée* (= réparée) ; *maillé* (=*attraper*) ; *paré* (= s'habiller) vont disparaître progressivement alors que *vanne* (= minibus) ne disparaîtra jamais.

V. Discussion et conclusion

Une synthèse des données recueillies montre que ces trois témoins ont recours à trois types de structures morphosyntaxiques qui n'ont pas la même signification. Les deux premières catégories d'énoncés (ceux qui sont entièrement en L1 et ceux qui sont caractérisés par une juxtaposition de syntagmes/règles grammaticales de L1 et de L2) s'expliquent par ce que Klein appelle les raisons pragmatiques. Il est nécessaire de distinguer ces énoncés qui relèvent de la nécessité de communiquer et qui ne constituent pas une indication du processus d'appropriation de L2 des énoncés qui eux relèvent de l'interlangue des apprenants. En revanche, les énoncés marqués par les tentatives de francisation montrent que les apprenants ont développé une catégorisation des langues et qu'ils associent un certain nombre de traits morphophonologiques (et peut-être syntaxiques) à chacune des deux langues. Par ailleurs, si on se réfère à la typologie de Klein, on peut dire que les variétés basiques (« énoncés » qui ne sont pas structurés selon les règles grammaticales de L2 mais selon des principes pragmatiques) et post-basiques de L2 ne s'excluent pas mutuellement. Il serait intéressant de conduire des enquêtes sur un nombre plus important de témoins ayant à peu près ce profil linguistique pour vérifier s'il y a des régularités notamment dans le processus de francisation qui constitue une indication de la catégorisation des éléments linguistiques appartenant à L2 et L1.

Ces éléments qui relèvent de L1 caractérisent les productions de Laval et de Stacy. On ne les retrouve pas dans celles de Rachelle qui est, elle, à un stade plus avancé. En nous appuyant sur les différences entre les catégories d'énoncés qu'elle produit et celles produites par Laval et Stacy, on peut conclure que la maîtrise des règles élémentaires de L2 entraîne la disparition de ces énoncés structurés à partir des principes pragmatiques. Les seuls indices de L1 qui ne disparaissent pas sont les emprunts lexicaux. Pour avoir observé des cours de français en maternelle à Maurice, on peut dire qu'il n'y a pas, à ce stade de scolarisation, de chasse aux créolismes. En fait, la question du vocabulaire est totalement différente de celle de la morphosyntaxe dans des communautés où le français est non seulement une langue véhiculaire mais aussi une langue qui s'est vernacularisée et qui a par conséquent développé un lexique assumé par les locuteurs : son enseignement ne peut pas être déconnecté des phénomènes de contact de langues et surtout de l'émergence de variétés dialectales associées à la communauté linguistique.

Venons-en à l'essentiel de nos propos. Il serait fallacieux de faire croire que les enquêtes de terrain menées à Maurice peuvent, seules, générer des pratiques pédagogiques. Il est nécessaire de dépasser les observations empiriques pour identifier le cadre théorique le plus adéquat pour modéliser les constats effectués. Seul ce cadre peut fournir un certain nombre d'explications à caractère général sur les modalités d'appropriation des langues secondes/étrangères et peut alimenter une réflexion sur les pratiques pédagogiques les plus appropriées à l'ensemble des terrains présentant les mêmes spécificités que le nôtre. Une première étape dans cette démarche a consisté à établir des rapprochements entre les données recueillies dans nos enquêtes et celles observées par d'autres chercheurs qui ont travaillé sur des questions apparentées dans d'autres contextes. Une recherche documentaire (Véronique, 1984 ; Béniak & Mougeon, 1980) sur des analyses conduites à propos des caractéristiques morphologiques de productions de témoins qui ont des profils linguistiques proches des nôtres mais appartenant à d'autres communautés linguistiques a montré les similitudes entre nos constats et ceux réalisés par ces autres chercheurs. Pour aller vite, nous renvoyons à Tirvassen, 2001 et au tableau qui résume l'essentiel des données recueillies par les chercheurs cités.

Une deuxième étape de notre réflexion nous conduit au cadre conceptuel permettant de modéliser les constats qui émergent de nos observations empiriques. On peut penser qu'il provient des efforts de théorisation réalisés par exemple par Hawkins et par Noyau même si les deux chercheurs travaillent dans des perspectives différentes. Dégageant l'essentiel des constats effectués à partir de recherches menées sur la morphologie verbale pendant une dizaine d'années, Hawkins affirme que :

« *L2 speakers of different ages, from different L1 backgrounds, learning English under different conditions and with different kinds of input, have broadly similar accuracy profiles on tests like the Bilingual Syntax Measure (with some possible L1 influence)* » (2001 : 43) (= Des locuteurs de differents âges, ayant différentes L1, apprenant l'anglais dans des conditions qui ne sont pas identiques et ayant divers types de contacts avec la langue cible ont, globalement, les mêmes types de compétences mesurées à partir de tests comme la Mesure de la syntaxe bilingue (avec, sans doute, une influence de la L1).

Si l'on analyse les implicites de la citation de Hawkins, il faut alors signaler la précaution que prend le linguiste britannique quand il use du terme *broadly*, un terme qui laisse la porte ouverte à d'autres recherches pouvant permettre de déterminer le parcours acquisitionnel de manière encore plus précise. L'inconvénient toutefois avec les travaux de Hawkins est la négation du rôle que joue le sens dans le processus de grammaticalisation.

Dans une perspective plus fonctionnaliste, Noyau rappelle qu'il est nécessaire de ne pas se contenter de la seule construction du système grammatical parce que le sens est central à la communication verbale et à l'acquisition d'une langue ; la structuration de la morphologie verbale sert à la construction d'une représentation linguistique de la temporalité, pour nous limiter à ce point précis. Venons-en à nos observations.

Nous avons analysé les productions de trois témoins et qui ont à peu près le même âge (entre 4 et 5 ans) mais qui n'ont pas tout à fait le même environnement linguistique et, surtout, qui ne sont pas au même stade de leur expression de la temporalité. Laval et Stacy produisent une variété post-basique de L2 marquée par l'émergence des règles de la morphologie verbale du français. Toutefois, Laval ne structure ses marques flexionnelles ni du point de vue de la morphologie verbale ni au plan aspecto-temporel. Stacy montre une première tentative d'une structuration des marques flexionnelles de son système verbal. Elle semble opérer une distinction V-Ø/V-[e] (elle utilise 23 fois le schème V-Ø et 7 fois le schème V-[e]). Par ailleurs, on a posé qu'elle commence peut-être à employer le schème V-Ø comme la forme neutre de la morphologie verbale, ce qui constitue une première étape vers l'établissement d'un lien entre des formes et un contenu sémantique. Les productions de Rachelle s'inscrivent dans une variété avancée : elle a déjà maîtrisé les règles fondamentales de la morphosyntaxe du français et évolue vers des règles complexes.

La différence qualitative majeure entre d'une part les lectes de Laval et Stacy et, d'autre part celui de Rachelle, se situe-elle dans le contact plus important de Rachelle avec le français, notamment en milieu familial ? On sait en effet que Rachelle qui est créolophone (il y a de nombreux indices qui le montrent) a un contact plus marqué avec le français. Elle a par ailleurs développé des représentations sociolinguistiques fortes puisqu'elle a refusé de s'exprimer en créole. En tout cas, il semble bien que le mode de construction de la temporalité peut constituer une des clefs pour approcher autrement (si l'on pose que jusqu'à présent seule la sociolinguistique a offert les outils les plus adéquats pour comprendre ce phénomène) les langues en contact puisque la nature du contact peut être appréhendée par le mode de construction du système temporo-aspectuel.

Tentons quelques rapprochements entre les données recueillies dans nos enquêtes et les repères offerts par les recherches sur l'acquisition des langues pour essayer de répondre à la question posée ci-dessus. Si l'on inscrit les lectes de nos témoins et notamment ceux de Stacy et de Laval dans la typologie de Klein, on peut avancer que les lectes de ces deux apprenants ne peuvent être définis comme des « lectes de base ». Il semble également que l'on puisse établir des ponts entre les constats de nos témoins et les invariants identifiés par Noyau. Malheureusement, l'absence d'une approche pseudo-longitudinale rigoureuse ne nous permet pas d'être plus précis. Nous disposons toutefois d'autres données qui nous offrent la possibilité de poser la question du poids de la typologie des langues sur la structuration de la temporalité.

Une des questions que l'on peut se poser est de savoir si un apprenant créolophone maîtrisant une langue isolante n'a pas plus de difficulté pour développer les règles de la morphologie verbale dans une langue flexionnelle que quelqu'un maîtrisant une langue flexionnelle comme L1. On sait, en effet, que les valeurs temporelles, aspectuelles et modales en créole sont exprimées au moyen des marqueurs pré-verbaux et que les verbes sont invariables. La seule marque morphologique qui existe dans le système verbal du créole mauricien oppose les verbes à deux formes et ceux qui n'en ont qu'une. Les verbes à deux formes ont une forme courte, à désinence zéro et une forme longue à désinence -e. Cette catégorie comprend aussi quelques verbes à alternance zéro/-i. On peut donc se demander si les apprenants mauriciens ne prennent pas plus de temps pour passer cette étape cruciale marquée par l'émergence de formes fléchies et si la fossilisation de la forme non fléchie n'est pas plus importante pour un créolophone que pour un apprenant ayant l'espagnol ou l'italien comme L1. Bien évidemment, ce genre d'hypothèse suppose la mise en place d'un protocole d'enquête rigoureux. En tout cas, si notre hypothèse se vérifie, elle peut expliquer le mode différent de la conceptualisation de la temporalité par les trois témoins. Laval et Stacy abordent la temporalité à partir de L1 et ont donc besoin de construire toutes les règles au sujet de la morphologie verbale en français avant de pouvoir établir des liens entre le mode de marquage formel de la temporalité et les valeurs sémantiques qu'on peut transmettre.

Cette hypothèse peut faire l'objet d'une autre validation puisque d'autres données semblent confirmer la difficulté des enfants créolophones à structurer leur temporalité. Nous avons en effet conduit une enquête auprès d'une fillette de 8 ans qui apprend l'anglais depuis l'âge de 4 ans et qui est « scolarisée » en anglais, la langue d'enseignement du système éducatif mauricien. Une analyse d'une conversation avec elle (Tirvassen, 2004) montre que Malini maîtrise la distinction entre les verbes conjugués et ceux qui sont à la forme infinitive. Par ailleurs, elle utilise correctement la copule, l'auxiliaire et la forme non marquée du présent verbal. Toutefois, elle utilise la forme auxiliaire suivi de V + *ing* pour évoquer des événements ponctuels alors qu'en anglais cette forme est utilisée pour marquer le duratif. Par ailleurs, elle recourt à cette même structure pour rendre compte de l'accompli alors que cette forme renvoie à des procès contemporains du moment de l'énonciation. Est-ce que ces erreurs s'expliquent par les différences typologiques entre l'anglais et le créole ? On peut penser qu'il y a là une piste de travail pour une pédagogie des langues qui puisse prendre en compte leurs caractéristiques morphologiques et le traitement psychologique de l'*input* dans les langues cibles de l'école mauricienne.

En tout cas, le cadre théorique élaboré par la recherche sur l'acquisition des langues à la suite de plus d'une décennie de recherches sur le développement de la morphologie verbale rend plausible :

1° la distinction opérée au début de cet article entre les énoncés marqués par des indices de L1 qui s'expliquent par les besoins pragmatiques qu'éprouve un témoin-locuteur et les énoncés qui renvoient au processus de grammaticalisation ;

2° la nécessité d'approcher l'appropriation de L2 comme un phénomène de traitement interlinguistique par les apprenants. Si le cadre est posé et si les premières observations réalisées semblent justifier qu'on dispose aujourd'hui de pistes solides pour des travaux empiriques qui peuvent être d'une valeur inestimable pour la didactique des langues en contact, il faut alors conduire ces enquêtes. A ce stade, on peut au moins dire que l'on a grossièrement exagéré le rôle attribué à L1 lors du processus de grammaticalisation en L2 ou que l'on s'est trompé sur la nature du rapport entre L1 et L2 puisque le traitement cognitif tant des formes que du contenu sémantique n'a pas été pris en compte. On peut alors penser que le souci premier d'une didactique de L2/LE est la compréhension du processus d'appropriation de L2. Parce que la pédagogie inspirée du constructivisme privilégie, pour l'enseignement-apprentissage des langues, la prise de parole en L2 et parce que la prise de parole met en scène à la fois des efforts de traitement cognitif et une mobilisation des ressources langagières marquée par des stratégies diverses qui vont de la production d'énoncés en L1 à des énoncés caractérisant le lecte de l'apprenant de L2 en passant par des « énoncés mixtes » (que l'on peut décrire), il est utile de se donner les moyens d'éviter des amalgames. Par ailleurs, si l'on s'appuie sur les enquêtes de terrain menées pour tirer des enseignements, on dira que quand on pose L1 comme un des obstacles à l'appropriation de L2, on ignore que L1 est présente dans les productions basiques et post-basiques mais si l'on se permet de généraliser à partir des observations empiriques réalisées, ces indices disparaissent automatiquement dans les variétés avancées sauf pour les emprunts lexicaux. Ces éléments toutefois ne font que souligner la nécessité de poursuivre sur tous les terrains où se pratique une didactique de L2 des travaux empiriques à partir d'un cadre théorique renouvelé.

L'ACQUISITION DU VOCABULAIRE FRANÇAIS EN ZONE FRANCO-CRÉOLE : DE LA GRAMMATICALISATION AU DÉVELOPPEMENT LEXICAL

Rada Tirvassen
Mauritius Institute of Education & UMR 7114 CNRS

Cette recherche, à caractère exploratoire, se borne à fournir quelques repères sur l'acquisition du vocabulaire du français L2 en zone franco-créole. L'ambition limitée qu'on se donne ne relève pas d'une fausse modestie. Dans le sillage des travaux sur les français régionaux, Chaudenson évoquait, il y a une vingtaine d'années, la difficulté[29] à laquelle on est inévitablement confronté quand on veut établir une frontière nette entre le français et le créole et, en particulier, entre une variété exolingue du français, marquée souvent par des traits fossilisés de lectes d'apprenants et une variété acrolectale (donc proche du français) du créole. Cette difficulté s'accroît quand on travaille sur le lexique. Non seulement l'essentiel du matériau lexical du créole mauricien est d'origine française comme l'indique Chaudenson mais aussi les variétés endolingue et surtout exolingue du français employées à Maurice empruntent de manière assez significative au créole. Par ailleurs, au plan théorique, alors que l'étude du développement de la morphosyntaxe en français par des enfants créolophones a fait l'objet de réflexions théoriques engagées notamment par Véronique quand il a effectué des rapprochements entre la créolisation et l'acquisition du langage, tel n'est pas le cas pour le

[29] La difficulté évoquée ci-dessus est mise en évidence dans les travaux sur les français dialectaux de la région du sud-ouest de l'océan Indien, le tout premier étant réalisé par Carayol & *al.* (1985). Cet article reprend, modestement, certaines des problématiques qui ont préoccupé les chercheurs de l'université de La Réunion dans les années 70 et 80

vocabulaire. L'acquisition du vocabulaire en zone franco-créole nous entraîne donc sur un terrain nouveau que l'on ne peut approcher que par tâtonnements. Il est donc nécessaire de procéder par quelques observations empiriques et en même temps souhaiter des mises au point conceptuelles dans les années à venir avant qu'on ne puisse opérer une modélisation didactique que le corps enseignant attend depuis des décennies.

Dans cet article, on se contentera donc d'une première série d'observations afin de dresser les grands traits de l'acquisition du vocabulaire en zone franco-créole. Parce qu'on dispose à la fois de quelques données empiriques et de tentatives de théorisation au sujet du processus de grammaticalisation, nous procèderons par une analyse comparative entre le développement du syntagme nominal en nous focalisant sur l'émergence de la détermination que nous comparerons avec les grands traits que présente l'acquisition du vocabulaire. Les données recueillies visent à évaluer la pertinence de trois hypothèses :

1° le lexique n'est pas un sous-système déconnecté des autres sous-systèmes de la langue mais une partie intégrante d'un macro-système en raison non seulement de l'habillage morphologique dont il est indissociable notamment pendant la phase d'appropriation de la langue mais aussi parce qu'il constitue le point de départ de la construction du système grammatical : « *Learning L2 grammar 'involves abstracting regularities from the stock of known lexical sequences* » Ellis, 1997 : 126 in Ringbom, 2006 : 68 ; (= Apprendre la grammaire d'une L2 consiste à dégager les régularités de l'ensemble des séquences lexicales maîtrisées.)

2° si une des questions majeures qui préoccupent les chercheurs est de savoir si les enfants bilingues possèdent un seul et unique système langagier (« *a single, fused linguistic system that contains largely semantically undifferentiated words from both languages* », Voltera & Taeschner in Holowka & *al*., 2002) ou s'ils sont conscients qu'ils sont confrontés à deux systèmes lexicaux, on montrera que cette prise de conscience s'appuie surtout sur l'habillage morphologique des mots ; en tout cas il est plus efficace que les repères phonétiques qui participent eux aussi à ce processus ;

3° enfin, en zone franco-créole marquée par un contact entre des variétés de créole (dont la variété francisée) et des variétés du français régional (dont une variété exolingue), la délimitation des deux systèmes lexicaux est sans doute plus difficile et jamais totale à la différence de celle de la morphosyntaxe, plus rapide et plus « systématique », au sens premier du terme.

Compte tenu des hypothèses avancées, nous amorcerons cette étude en esquissant un cadre théorique où des repères seront fournis concernant deux problématiques : on va d'abord présenter quelques repères au sujet de l'acquisition du vocabulaire L2 avant de faire un point rapide sur les difficultés que pose la délimitation des frontières entre le lexique du français régional mauricien et celui du créole. S'agissant de notre corpus, pour des raisons que le lecteur peut comprendre aisément, nous travaillerons sur les productions des trois témoins retenues pour l'étude sur le développement de la morphologie verbale.

I. Cadre théorique

I.I. L'acquisition du vocabulaire

Selon Guasti (2002), l'acquisition du vocabulaire implique deux tâches que l'enfant effectue séparément : la segmentation de suites phoniques afin de se constituer des unités lexicales ; l'association entre des formes lexicales et des significations. Développant son argumentation, le chercheur affirme qu'il est possible que, lors de la première étape de la production langagière, les enfants ne cherchent pas à réaliser des segments lexicaux mais opèrent à partir de segments phoniques supérieurs au mot. Une chose est toutefois évidente : le découpage des suites phoniques par les enfants demeure différent de celui des adultes à un stade relativement avancé de leur appropriation de L1. Une fois que les enfants ont développé une représentation pré-lexicale, ils exploitent des sources diverses (la prosodie, les régularités distributionnelles, etc.) pour arriver à se constituer un premier paquet de mots qui leur sert de base pour la création d'un premier réservoir lexical. La suite est alors plus rapide. Au-delà de l'accroissement du réservoir lexical, les chercheurs soulignent les rapports entre l'acquisition du vocabulaire, le développement d'un système phonologique et l'appropriation des règles de la morphosyntaxe.

S'agissant de la seconde tâche, Guasti affirme qu'elle peut être définie comme l'appariement (*mapping*) d'une forme lexicale (chaîne phonologique ou production écrite) à une représentation conceptuelle puisqu'il s'agit d'établir une relation entre le mot et la réalité extra-linguistique (*word-to-world mapping*). Ce processus de construction d'un système lexical est marqué par quatre types d'erreurs commises par les enfants : la surgénéralisation, la sous-généralisation (*underextension*), les confusions sémantiques (*overlap* et *mismatch* = confusion entre des faux amis). C'est toutefois la surgénéralisation qui a, le plus, retenu l'attention des chercheurs. Il y a eu, sur cette question, de nombreux débats. Une des premières explications fournies consistait à mettre sur le compte de la confusion conceptuelle la désignation, par un même mot, de deux référents différents, par exemple deux quadrupèdes (*doggie* pour un écureuil). Une seconde interprétation a montré le caractère créatif des enfants : la surgénéralisation s'effectue de manière rigoureuse. Entre le nom et les réalités extralinguistiques désignées, il y a des caractéristiques communes. Par exemple, une chaise ne sera pas désignée par le nom *doggie*. Les psycholinguistes y ont vu plutôt une capacité des enfants à nommer, de manière relativement précise, une réalité inconnue à partir d'un mot plus ou moins adéquat faisant partie de leur répertoire verbal.

Dès lors que l'on passe à l'acquisition du vocabulaire par des enfants bilingues, les préoccupations des chercheurs changent. Une des questions posées ces dernières décennies est de savoir si les enfants bilingues ont des équivalents dans les deux langues acquises parallèlement (*cross language synonyms*). Cette question est d'une importance cruciale pour la recherche sur l'acquisition du vocabulaire en contexte bilingue puisqu'elle pourrait permettre aux chercheurs d'affirmer avec certitude si les enfants sont conscients (et à quel moment) qu'ils sont confrontés à deux systèmes ou s'ils les confondent. Deux conceptions s'affrontent. Jusqu'à présent, c'est l'hypothèse développée par Voltera & Taeschner (1978 in Holowka & *al.*, 2002) qui prévalait. Selon ces deux chercheurs, « *bilingual babies initially possess a single, fused linguistic system that contains largely semantically undifferentiated words from both languages, with all of the underlying conceptual confusion that this would imply.* » (= au départ, les enfants bilingues possèdent un seul et unique système langagier qui contient des mots des deux langues sans qu'aucune distinction ne soit effectuée entre ces deux langues avec tout ce que cela implique au plan de la confusion conceptuelle). S'appuyant sur des observations précises Holowka & *al.* contestent cette hypothèse affirmant que des bébés bilingues produisent des équivalents dans les deux langues apprises, ce qui permet d'affirmer qu'ils sont conscients qu'ils sont confrontés à deux lexiques de deux langues différentes. Si le stade atteint par nos témoins ne nous permet pas de prendre position sur cette question, on peut penser que certaines données obtenues dans le cadre de cette étude apportent un éclairage, certes modeste, à ce débat.

I.II. Français régionaux et créole

Les rapports entre les français régionaux et les langues créoles ont fait l'objet de nombreux travaux si bien qu'il serait risqué de prétendre en offrir une synthèse à partir des quelques rares études documentaires que nous avons pu réaliser dans le cadre de cette recherche. Pour comprendre pourquoi une comparaison entre les dialectes régionaux du français et les créoles est possible on peut s'appuyer sur l'élément qui les rapproche. Selon Chaudenson, les français régionaux, transportés hors de France et notamment en zone américano-caraïbe et dans l'océan Indien et qui échappent à la pression de l'appareil socioculturel normatif, constituent le matériau de base d'autres français régionaux et des langues créoles, ainsi qu'on le verra ci-dessous. Ces langues offrent donc des possibilités de comparaison exploitées d'ailleurs par Chaudenson. Pour l'essentiel, deux questions nous intéressent ici. La première concerne la nécessaire distinction entre la grammaire et le lexique alors que la seconde porte sur le caractère fluide des lexiques des deux langues en contact.

Le matériau linguistique que constitue les français régionaux transmis pendant des siècles dans des contextes sociolinguistiques marqués par une absence de contraintes de la norme fait l'objet d'une restructuration. Lors du processus acquisitionnel, lorsqu'existe un mouvement centripète, l'interlangue de l'apprenant est ramenée vers le système central (le français dialectal) alors que dans le cas de la créolisation, il existe un mouvement centrifuge qui aboutit à l'autonomisation du système créé. Dans ce second cas de figure, la morphosyntaxe et le lexique ne « subissent » pas les mêmes types de transformation. Parce que la morphosyntaxe est « fermée » et « organisée », parce qu'elle opère en « système » à la différence du lexique qui est lui « ouvert » et « faiblement organisé » (les termes entre guillemets sont empruntés à Chaudenson, 2003 : 392), on ne peut transférer des règles de la morpho-syntaxe comme on peut le faire pour des lexèmes ou des catégories de mots. On peut prendre un exemple dans le système verbal du créole mauricien et du français. Sur le plan morphologique, le système verbal du mauricien comme ceux des autres créoles est « pauvre » (on pourrait, si on le voulait affirmer que c'est un système plus avancé compte tenu de sa simplicité) comparé aux systèmes de l'anglais et du français. Ce système repose principalement sur des morphèmes pré-verbaux qui offrent des valeurs de temps, de mode et d'aspect contrairement aux deux langues européennes où ces valeurs sont, pour partie au moins, assurées par les marques flexionnelles. La seule opposition qui existe en créole mauricien est celle entre les verbes qui ont deux formes et ceux qui n'en ont qu'une. Les verbes à deux formes ont une forme courte à désinence zéro et une forme longue, pour la plupart à désinence –e (comme par exemple dans *dans/dansé*). Quelques rares verbes sont marqués par l'alternance zéro/-i comme par exemple *vinn/vini* ou *finn/fini.* La grande majorité des verbes (80% selon Baker, 1972) sont à deux formes. Ces variations ont une fonction syntaxique mais n'ont aucune signification au plan des valeurs de temps, de mode et d'aspect :

Li pe manz enn gato (= il mangeait un gâteau)
Li ti pe manze (= il était en train de manger).

A la différence du créole mauricien, le français et l'anglais sont des langues flexionnelles, c'est-à-dire des langues pourvues de morphèmes grammaticaux. Ainsi, en français, l'aspect, le temps et les modes sont exprimés au moyen de variations flexionnelles. Par exemple, dans « Pierre buvait » (action envisagée dans son déroulement) et « Pierre a bu » (action envisagée comme étant accomplie), le changement se manifeste au niveau de la présence de la forme *a* de l'auxiliaire avoir et au niveau du verbe. Tel n'est pas le cas en créole : *Pierre ti pe bwar* (action envisagée dans son déroulement) et *Pierre ti finn bwar* (action accomplie), l'opposition aspectuelle ne porte que sur les morphèmes pré-verbaux (*ti pe/ti finn*) alors que le verbe demeure invariable. Pour prendre la mesure de l'impact de la restructuration sur la nature du système grammatical, on peut avancer qu'à partir d'un même matériau linguistique, on aboutit à deux types de grammaire différents puisque les langues créoles sont des langues isolantes à tendance agglutinante alors que le français et l'anglais sont des langues flexionnelles.

A la différence de la morphosyntaxe, le lexique présente un caractère plus fluide. Si, comme dans le cas de la morphosyntaxe, l'essentiel du matériau lexical du créole mauricien est d'origine française, les rapports entre le lexique du créole et celui du français sont différents de ceux qu'entretient la morphosyntaxe. Quelques éléments qui renvoient à la nature de ces rapports : d'abord, si une minorité de lexèmes empruntés au français ont la même forme et le même sens en créole, la ressemblance entre la forme phonique d'un nombre significatif de mots du créole (peut-on arriver à des statistiques pour un système ouvert comme le lexique ?) et celle qu'ils ont en français constituent, pour des apprenants débutants, une source certaine de confusions. Ensuite, dans une réflexion sur la dynamique des systèmes en contact, Chaudenson affirme que le lexique des langues créoles peut, par simple usage, et éventuellement par simple adaptation phonétique, intégrer n'importe quel mot de la langue française. Enfin, il signale l'existence de survivances dialectales qu'il illustre en se fondant sur le créole réunionnais mais il est clair que certains des exemples fournis sont tout aussi valables pour le créole mauricien.

II. Le français régional mauricien

La mobilité lexicale ne se fait pas dans un sens uniquement. Compte tenu de l'usage du français dans un contexte marqué à la fois par la distance avec l'appareil normatif et des contraintes de la communication sémiotique, les variétés de français employées à Maurice présentent deux grandes particularités. Appelées à véhiculer un certain nombre de réalités culturelles qui ne font pas partie de l'univers culturel du « français de France », ces variétés emploient des termes qui sont indispensables aux échanges qui ont trait à l'univers culturel local. Ils n'ont pas de synonymes exacts en français standard et sont en général socialement acceptés sauf dans des contextes marqués par ce qu'on peut appeler une confrontation extrême avec la norme. Nous reviendrons plus loin sur cette question. Les pratiques alimentaires fournissent, à cet égard, de nombreux exemples.

Exemples : *farata :* « crêpe » épaisse d'origine indienne à base de farine essentiellement.

Samoussa : sorte de rissole de forme triangulaire faite de pâte enroulant une préparation épicée à base de légume, de poisson ou de viande. (Robillard, 1993).

On peut aussi signaler l'usage de termes qui ont un équivalent en français standard mais qui sont non seulement socialement acceptés mais également formellement intégrés.

Exemple : *Fancy-fair* : le terme a une orthographe stable et un genre grammatical (masculin) ; il est bien plus fréquent que son équivalent en français standard, *kermesse* qui est, lui, marqué.

A part cette catégorie d'emprunts à d'autres langues, il existe des termes (ou d'ailleurs des structures morphosyntaxiques) qui rappellent les stratégies mises en œuvre par des apprenants dans leur processus d'acquisition du vocabulaire. On peut reprendre la problématique centrale d'un projet de recherche qu'initie en ce moment une équipe de chercheurs qui, réunis autour de Noyau & Gadet, veulent montrer les passerelles qui existent entre les processus d'acquisition des langues et les français dialectaux hors de France. Évitons ici le cadre conceptuel complexe qui sera élaboré dans cette recherche. Limitons-nous à la question du mode d'acquisition du vocabulaire (les stratégies acquisitionnelles évoquées ci-dessus) et à l'émergence des variétés de français en usage à Maurice[30]. Dans son traitement des lexèmes qu'il associe à la variété endogène (des francophones natifs) du français régional, Robillard fournit pour la plupart des entrées de son inventaire des informations au sujet de leur étymologie. Un premier relevé rapide montre que l'on retrouve des stratégies de transformation

[30] On emploie le terme *variété* en soulignant tout de suite le caractère arbitraire de ce terme surtout pour des productions langagières qui n'ont pas fait l'objet d'un travail de description relativement étendu et encore moins d'une fixation de la norme par les institutions.

sémantique fréquentes dans le processus d'acquisition du vocabulaire :

Extension de sens : « L'année » : le nouvel an.

Modification de sens : « Barrer » : garder les buts ; jouer au poste de gardien de buts.

Spécialisation de sens : « Blancs » : Mauricien de phénotype européen (et de généalogie).

Transfert de sens : « Brisants » : ceinture de corail qui protège le lagon[31].

Par ailleurs, il est utile de signaler que tous ces termes existent en créole mauricien (non seulement dans la variété acrolectale mais dans la variété mesolectale) si bien qu'il serait difficile de dire si ces termes ont été empruntés au créole après le processus de transformation sémantique ou s'ils ont été empruntés au français régional mauricien par le créole. Autant donc dire que l'on se retrouve dans un schéma de contact de langues particulièrement complexe, une situation qui explique le statut de ces termes dans les représentations que les Mauriciens se font de la norme du français. En effet, ces variétés de français opèrent avec des dialectalismes au statut fluctuant, du moins si l'on s'appuie sur une série d'enquêtes conduite à Maurice entre 1997 et 2000 dans le cadre d'une Action de Recherche Partagée intitulée *L'insécurité linguistique : des mécanismes ambigus étudiés en contexte plurilingue dans les pays du Sud*[32]. Pour l'essentiel, les travaux entrepris ont montré que les dialectalismes se situent sur un axe qui va de leur sanction (ils sont alors catégorisés comme des entorses à « la » norme) à leur intégration aux pratiques socialement acceptées.

L'émergence du déterminant en français langue étrangère[33]

Dans un article consacré à la question générale de l'émergence du langage chez les enfants, Bassano (2005) s'appuie sur des productions d'enfants pour dégager les processus de constitution du système linguistique chez les jeunes apprenants afin, entre autres, d'aborder la question centrale des relations entre développement lexical et développement grammatical.

[31] Tous ces exemples sont empruntés à Robillard, 1993.

[32] Voir par exemple, Bavoux & *al.*, 1995.

[33] Nous nous sommes appuyé essentiellement sur Carlo & *al.*, 2003.

L'observation systématique de productions de ces apprenants en situation d'acquisition du français L1 montre que l'usage de vrais déterminants est précédé de *fillers* (ou « remplisseurs »), des éléments monosyllabiques employés et qui constituent, pour le chercheur, la préfiguration d'un morphème grammatical. Les exemples suivants sont donnés : *e nez*, *c'est a chat*, *am lit*, *mettre é chausson*, *eum boîte*. S'appuyant sur ces observations, Bassano établit un rapport direct entre ces « remplisseurs » et le processus de grammaticalisation puisqu'ils sont suivis de déterminants.

S'agissant du développement de la détermination elle-même, en français langue étrangère, Carlo & *al.* fournissent les repères suivants à ce sujet :

1° Lors de la première phase d'acquisition et d'expression en L2, l'apprenant a recours à des éléments du vocabulaire de base qu'il possède ; il produit des schèmes caractérisés par une combinaison de noms d'où sont absents les procédés morphologiques, ce qu'illustre l'exemple suivant : *Un semaine curso* (pour une semaine de cours).

2° Les premiers syntagmes nominaux lexicaux sont :

– des noms sans déterminants (NSD)

– des schèmes D+N : *le/la + N*, *un/une + N*

3° Les apprenants passent d'une étape marquée par une absence de lien entre les schèmes lexicaux à un marquage plus explicite à l'aide d'une préposition : carte séjour/carte de séjour.

4° Selon Carlo & *al.,* les informations disponibles indiquent que lors de la phase suivante, les apprenants emploient l'article défini sans qu'ils puissent distinguer le genre et le nombre.

5° Enfin, ces auteurs précisent que les déterminants se développent selon la fonction qu'ils remplissent : d'abord apparaît l'article défini qui s'oppose dans un premier temps à Ø pour marquer la détermination définie. La marque du pluriel se réalise à partir d'adjectifs cardinaux ou à l'aide d'expressions comme « beaucoup de ». L'article indéfini se développe plus tardivement. Une dernière précision concerne la diminution des NSD, qui sont utilisés prioritairement avec une fonction prédicative, au fur et à mesure du développement grammatical.

L'émergence du schème déterminant + nom dans les productions de nos témoins :

Chez Laval

Syntagmes lexicaux sans procédés morphologiques	Absence de déterminant	Déterminant emprunté au créole	Syntagmes nominaux avec determinants
Cuit manger[34]	Jouer loto	Parer so linge	Je mange du pain
Jouer loto	Sorter alle travail	puis je brosse mo le dents	Je bois du thé
Sorter alle travail	puis jouer couk cassiett	et puis je change mo linge l'école	Je pars à l'école
Et puis partir	quand manger est brille	je donne mo maman enn fleur	puis je prend un serviette
Et puis jouer couk cassiett	je travail a soir	je prend enn goude de l'eau	Metter la main,
Apres quand manger est brille	je jouer joujou ménage		dans la bouche comsa

[34] La transcription orthographique des productions des témoins est difficile : choisit-on de transcrire tout ce qui n'est pas en français plus ou moins normé en créole ? Tout choix a des implications. Nous voulions montrer qu'il existe des productions qui ne peuvent être catégorisées linguistiquement de manière definitive.

Chez Stacy

SN sans procédés morphologiques	Déterminant emprunté au créole	Absence de déterminant	Syntagmes nominaux avec déterminants
nager	elle parle avec zotte zamis	je mange biscuit	je pars à la maison
(après) manzé	zotte part à l'école	je boire zis	les garçons
donne à manzé à les enfants	zotte part à (?) l'école	regarde toutou là	après je pars l'école
part à la mer		je a poche	donne à manzé à les enfants
regarde toutou là			ou il part à l'école
part à Winners			les filles se parent à la mer
passe Winners			part à la mer
part Winners			je boire du lait… j'ai travaillé le maison… après je pars à l'école il donne mangé à des enfants… un garçon a part à l'école zotte part à l'école… un part à l'école… zotte part à (?) l'école li mette bation dans la mer… le chien dormi. le chien levé

Chez Rachelle

SN sans procédés morphologiques	Absence de déterminant	Déterminant emprunté au créole	Syntagmes nominaux avec déterminants
balançoire bébète est cassé	Après j'ai parti jardin d'enfants		Un joli dessin
Pache fromage	balançoire bébète est cassé		Des films
Galoupé	Après j'ai monté petit bâteau		Il y avait du sang dedans
Joué boule	quand j'ai fini mangé mine appollo avec dizoeuf		Le van
	Quand je vais venir grande après je vais partir sur chemin pour acheter gâteau		A le médecin
	Pache fromage		le fille donne le gobelet ce garçon-là…
	Il mange mine avec fourchette		Ma maman a regardé
	Ils jouent boule		J'ai joué dans la mer
	Joué boule		Il boit du lait
	Le chien a fait méchant		Une fille avec un garçon… il déboute ces deux-la il y a une boule là pour partir à l'école Un avec une boule dans son bras… Le Chien… le chien sisite… (ici) le chien déboute Le chien trappe le poisson avec la bouche Le garçon fait comme ça Le chien a fait méchant

Procédons par une première démarche quantitative qu'il faudrait interpréter avec précaution parce que nos techniques de collecte de données ne se prêtent pas à ce genre d'analyse. Il s'agit donc de repères grossiers.

Laval emploie 6 NSD. Toutefois, rien ne dit que *jouer loto* ainsi que *jouer kuk kasiet*, *travail asoir* et *jouer joujou ménage* ne sont pas des syntagmes créoles utilisés dans une stratégie de communication où le locuteur utilise les ressources que lui procurent les deux langues, sa L1 et la LC : il est difficile de savoir si les difficultés d'expression en français n'entraînent pas le recours au créole. Ceci étant, on note un nombre important (une vingtaine) de syntagmes nominaux où le déterminant est employé. Si l'on reste dans cette démarche statistique, les productions des syntagmes nominaux de Stacy présentent les mêmes traits sauf que dans son cas, *je mange biscuit* et surtout *je a poche* sont des structures morphosyntaxiques du français.

Les productions des syntagmes nominaux des deux témoins présentent une autre caractéristique intéressante. Elle concerne l'emprunt des déterminants au créole. Ainsi, dans l'énoncé *elle parle avec zot zami* où manifestement le témoin tente de s'exprimer en français, *zot* (leurs) est un emprunt au créole. Le témoin emploie d'ailleurs ce même lexème en le substituant au pronom *il* mais dans une structure morphosyntaxique du français: *zot part à l'école*. Laval, lui, emploie des adjectifs possessifs créoles (*Parer so linge* ; *puis je brosse mo le dents* ; *et puis je change mo linge l'école*) ainsi que des numéraux : *je donne mo maman enn fleur* ; *je prend enn goude de l'eau*. On peut faire l'hypothèse que *zot* dans *zot zami* et *zot part à l'école* est perçu comme un déterminant français. En revanche, *so*, *mo*, *enn* sont probablement employés dans des structures morphosyntaxiques créoles. Ces témoins sont donc à un stade où ils confondent des mots-outils totalement différents au plan phonique en créole et en français et, qui, par ailleurs, sont fréquents en français. Si l'on se fonde sur les données statistiques évoquées ci-dessus, on peut dire que la structure déterminant + nom est maîtrisée par les deux témoins, en revanche les lexèmes verbaux qu'il faut maîtriser pour exprimer la détermination sont quelques fois empruntés au créole. Il est donc utile de faire une distinction entre le développement d'une structure morphosyntaxique et la maîtrise des mots-outils nécessaires pour exprimer la règle.

Replaçons maintenant les déterminants employés dans le cadre du schéma évolutif esquissé par Carlo & *al.* On peut raisonnablement avancer qu'ils sont à un stade où ils emploient l'article défini pour marquer la détermination définie et l'indéfini. Laval emploie une seule fois « un » dans je prends *un serviette* mais substitue le défini à l'indéfini dans *coupe les carottes*, *quand j'si lavé le joujou* et *j'ai ramassé dans le plastique*.

E : mon papa ? (qu'est-ce qu'il fait ?)

T : coupe les carottes.

E : et puis

T : samem tout

E : non

T : j'ai oublié

E : je… oublier

T : oublier oui

E : quand j'si lavé le jou jou, j'ai ramassé dans le plastique.

L'usage de l'indéfini est aussi rare dans les productions de Stacy : *un garçon a part à l'école*, *il donne à manger à les enfants* où le défini se substitue à l'indéfini.

Si l'on replace les données recueillies (en prenant la précaution de dire que nos techniques de recueil des données sont loin d'être fiables puisque nous n'avons pas vérifié si les deux témoins n'ont pas développé l'article indéfini), ils n'ont pas développé l'indéfini et, théoriquement, devraient éprouver des problèmes avec le partitif et surtout avec l'accord en genre entre le déterminant et le nom. Or, les deux témoins emploient des partitifs en respectant les accords en genre : *je mange du pain ; je bois du thé ; je boire du lait*.

On peut se demander si le créole ne vient pas faciliter la tâche de l'apprenant du français puisque les noms agglutinés *dipin*, *dite*, *dile* ont besoin d'une adaptation phonétique (que l'enfant pratique à cet âge) pour transformer un lexème créole en un syntagme nominal français où l'on respecte la règle déterminant (partitif) + nom et celle de l'accord en genre entre le déterminant et le nom. D'ailleurs, lorsque le créole n'opère pas avec des noms agglutinés, les deux témoins n'emploient pas de déterminants dans des schèmes qui sont plutôt en créole comme dans (*zue loto*, *al travay*, *zue kuk*, *travay aswar)* ou dans des structures qui sont plutôt en français : *je mange biscuit* ; *je boire zis* ; *regarde toutou là*. C'est également cette transposition qui peut expliquer pourquoi il n'y a pratiquement aucune confusion entre le masculin et le féminin.

Dans le cas de Rachelle, commençons par montrer la variété des déterminants employés. Elle emploie correctement :

1° des indéfinis :

E : qu'est-ce que tu as dessiné ? T : un joli dessin

E : tu as regardé la télé hier ? (oui) qu'est-ce qu'il y avait à la télé ? E : des films.

2° des définis contractés : E : quoi vous aller jouer ? T : à le médecin…

3° un démonstratif qui a une fonction anaphorique : E : là que vois-tu ?

T : une fille avec un garçon… il déboute ces deux-la…

Il est vrai qu'il y a un exemple d'un défini employé à la place d'un indéfini (T : *le garçon pêche le poisson…* E : *Ici* ? T : *le chien trappe le poisson avec la bouche*) mais il peut s'agir d'un cas de variation par rapport à la norme plutôt bien maîtrisée ou encore d'un implicite discursif (le locuteur et l'interlocuteur voient un poisson sur une image). Enfin, et c'est là un fait majeur, il n'y a aucun emprunt d'un déterminant au créole.

Comparons les données recueillies dans cette étude sur la détermination avec les constats réalisés dans l'étude sur le développement de la morphologie verbale par ces trois mêmes témoins. Nous nous demandions si un apprenant créolophone maîtrisant une langue isolante n'a pas plus de difficulté pour développer les règles de la morphologie verbale dans une langue flexionnelle que quelqu'un maîtrisant une langue flexionnelle comme L1. Nous nous fondions sur le fait que les valeurs temporelles, aspectuelles et modales en créole sont exprimées au moyen des marqueurs pré-verbaux et que les verbes sont invariables. Nous avons été amené à penser qu'il était possible que les apprenants mauriciens prennent plus de temps pour passer cette étape cruciale marquée par l'émergence de formes fléchies, ce qui nous a amené à nous demander si la fossilisation de la forme non fléchie n'est pas plus importante pour un créolophone que pour un apprenant ayant l'espagnol ou l'italien comme L1. En revanche, le développement de certains traits de la détermination, plus

complexe pour la plupart des apprenants du FLE, est plus facile pour les enfants créolophones.
L'acquisition de certains traits de la détermination illustre un type d'impact différent de L1 sur l'acquisition de L2. Parce que L1 et L2 ont en commun des lexèmes, cette proximité déclenche l'identification et facilite la maîtrise de certaines règles grammaticales de L2. Cette constatation ne remet pas en question l'hypothèse que l'appropriation d'une langue est un processus cognitif de création d'hypothèses. Certaines opérations cognitives peuvent être déclenchées par des opérations de bas niveau. Sur ce point, la littérature acquisitionniste est formelle puisque comme l'a dit Ellis (1997), apprendre la grammaire d'une L2 consiste à dégager les régularités de l'ensemble des séquences lexicales maîtrisées.

Processus de grammaticalisation et développement lexical.

Terme existant en français et en créole	en créole uniquement	uniquement dans les lectes d'apprenants du français	en français
mange du pain du thé l'école allongé Couché cuit manger prend serviette change l'école. Jouer croise les bras comme ça prend la maison arroser cuit manger donn nous manger coupe carottes faire encore travail dormir, avec mon camarad	alle travail Parer so linge mo le dents mo linge enpranne kuk kasiet alle la maison mo maman enn fleur enn goude de l'eau all assizer brille le manger couma galouper vini re-lever a soir joujou ménage	Sorter il s'asseoir quand manger est brille	Bois Pars Puis partir Ce matin Je mes amis s'apelle va son cheveux est fait sourire contente sourire parce qu'il

Terme existant en français et en créole	Terme existant en créole uniquement	Terme existant uniquement dans les lectes d'apprenants du français	Terme existant en français
nager… garçons… biscuit… l'école… papi… joué faire calin avec madame coupe. Donne les enfants… habille… la mer madame… toutou passe boire du lait travaillé brosse les dents dormi… poche… part chien dormi. levé. donne coup de pied	manzé… banne zenfant boire zis enn ti peu diberre so mama li zotte zoué boule risse ça… (je) suyé zotte (je) risse (je dormi) ène ti peu	zamis se parent le maison (je) l'habillé	Pars la maison lève mange vient *jus* parle regarde

Terme existant en français et en créole	Terme existant en créole uniquement	Terme existant uniquement dans les lectes d'apprenants du français	Terme existant en français
dessiné… joli dessin… films du sang… matin dormi… joué van… batté… griffé là… glissé… balançoire cassé… monté… fini mangé mine appollo e boire just du lait… grand-mère… après je vais partir sur chemin pour acheter gâteau… brosser… Pache fromage… Il mange mine fourchette… part l'école… avec un garçon… boule le gobelet	Dizoeuf je vais balier Galoupé il déboute le chien sisite… le chien déboute… Le chien trappe le poisson regarder (avec sens en créole) je vais venir grande	tarrangé…	Dedans vais jouer médecin parti jardin d'enfants regardé petit bâteau parti chez boit du lait… marchent Une fille tout à l'heure. le poisson Le chien a fait méchant (Elle ferme) ses yeux…

III. La production lexicale : constats et discussion

On peut penser que les données recueillies ci-dessus éclairent deux problématiques. La première concerne bien évidemment celle de l'acquisition du vocabulaire L2 dans un contexte de contact de deux langues qui entretiennent des rapports de parenté et dont les lexiques sont marqués par un cloisonnement poreux si l'on s'inscrit non dans le système mais dans les pratiques langagières dans des contextes marqués par une faible conscience de la norme. La seconde porte sur les modalités de structuration des lexiques de deux langues en contact.

Les données obtenues par les enquêtes montrent que, pour l'essentiel, le plus grand nombre de lexèmes employés par les trois témoins existent en créole et en français, souvent avec quelques différences phonétiques. La grande majorité des termes employés par Laval et Stacy ont presque le même sens et la même forme (ce que les psycholinguistes anglo-saxons appellent des *cognates*[35] et que les francophones traduisent par les « termes apparentés ») en français régional mauricien et en créole. Par ailleurs, les lexèmes qui n'existent qu'en français (ou dans des lectes d'apprenants du français) sont soit des lexèmes verbaux (*bois, pars, s'appelle, va, est fait, sourire*) ou des mots outils : *puis*, *je*, *parce qu'il.* On retrouve le même type de vocabulaire dans les productions de Rachelle avec quelques exceptions : *dedans* (mot outil rare à ce stade de l'appropriation du français) et des termes qui n'existent qu'en français avec d'ailleurs des équivalents en créole : *médecin* ; *jardin d'enfants* ; *tout à l'heure* ; *méchant* ; *yeux*...On peut penser, en nous fondant sur les productions de Rachelle, que l'émergence d'équivalents en français de termes créoles apparaît après la première phase où les apprenants emploient des termes qui relèvent d'un même réservoir lexical. Une étude réalisée par Nita Rughoonundun-Chellapermal (2007) confirme que, dans une étape un peu plus avancée de leur processus acquisitionnel, les enfants

[35] « Cognates in two languages can be defined as historically related, formally similar words, whose meanings may be identical, similar, partly different or, occasionally, even wholly different. » (Ringbom, 2006 : 73). (= Les termes apparentés (ou faux amis) peuvent être définis comme des termes ayant des rapports historiques et qui, par ailleurs, peuvent avoir des formes identiques. Ils peuvent avoir des sens partiellement ou totalement différents.)

développent des équivalents lexicaux pour un même référent dans deux voire trois langues. Une enquête visant à évaluer le répertoire lexical développé dans les trois langues auxquelles est exposé un témoin de 8 ans, issu d'un milieu entièrement créolophone, révèle que le témoin dispose, pour une cinquantaine d'objets désignés en créole, de 29 termes français (qui s'ajoutent aux 7 termes produits avec des écarts phonétiques) et de 22 termes anglais. On peut donc penser qu'une fois que les enfants prennent conscience qu'ils sont confrontés à deux langues qui ont chacune leur lexique, la catégorisation des lexèmes s'effectue alors à partir d'un critère strictement lexical même si, compte tenu du caractère poreux des lexiques du français régional mauricien et du créole, cette opération demeure toujours risquée.

Revenons sur l'impact de la parenté lexicale sur l'acquisition du vocabulaire. Dans une réflexion à caractère général sur l'acquisition du lexique de L2, Wolter (2006 : 743) affirme qu'en dépit des interférences négatives qu'entraînent les termes faussement apparentés (faux amis), « *it is widely accepted that knowledge of cognates helps learners to more rapidly acquire a larger L2 vocabulary* » (= il est reconnu que les faux amis aident les apprenants à acquérir un vocabulaire plus important rapidement). Pour comprendre le point de vue de Wolter, il faut se reporter aux réflexions théoriques au sujet de l'acquisition du vocabulaire et, en particulier, à la description des mécanismes de l'acquisition du vocabulaire L2 en situation de contact de langues. Si l'on définit l'acquisition du vocabulaire comme une opération de segmentation de la chaîne phonique en lexèmes et l'appariement (*mapping*) d'une forme lexicale (chaîne phonologique ou production écrite) à une représentation conceptuelle, on peut penser que comme ces opérations ont déjà été réalisées en L1 pour ces termes apparentés, ces termes sont transférés en L2. On peut alors faire l'hypothèse que, si ces termes apparaissent en premier et en plus grand nombre dans le lecte de l'apprenant de L2, il peut s'agir tout simplement de transfert de terme à terme de L1 à L2. Le transfert des faux amis, c'est-à-dire l'usage des termes qui existent en créole et en français mais sans qu'il y ait une réorganisation conceptuelle pour que ces termes prennent le sens qu'ils ont en L2, permet de conforter cette hypothèse. A ce stade de notre recherche, nous nous contenterons de poser ce constat comme une hypothèse de travail (même si Ringbom[36] semble plus affirmatif) pour des études où l'on s'appuierait sur des techniques de recueil de données plus conformes aux types d'observations permettant de soutenir de manière plus rigoureuse le point de vue développé. Par ailleurs, si les termes apparentés sont acquis plus facilement en L2, il est aussi utile de se demander si ces termes ne jouent pas le même rôle que les routines c'est-à-dire s'ils ne facilitent pas l'entrée dans L2. Sur ce point, les modestes observations que nous avons réalisées sont confirmées par celles d'autres chercheurs :

« *Learners do not start out from their L1 grammar, they start from something much less complicated.* [...] *R. Ellis suggests that the starting point consists of early vocabulary that the learner has acquired.* » (Ringbom, 2006 : 67) (= Les apprenants de L2 ne démarrent pas de la grammaire de leur L1. Ils démarrent à partir de quelque chose qui est bien moins compliqué. [...] R. Ellis indique que le point de départ est le vocabulaire que l'apprenant a acquis.).

Si tel est le cas, on peut penser que la toute première étape qui marque l'entrée dans L2 en contact avec L1 et ayant un vocabulaire partiellement semblable est plus facile que dans des langues distantes au plan interlinguistique. C'est une autre hypothèse qui pourrait faire l'objet d'observations systématiques. Les deux hypothèses avancées ne présagent rien du rythme et du mode d'appropriation de L2 : elles se limitent à l'entrée en L2.

La deuxième problématique que soulèvent ces observations concerne, nous l'avons dit, les modalités de structuration des deux lexiques. Commençons par analyser quelques énoncés produits par Stacy et qui nous paraissent particulièrement pertinents pour nos propos. On peut longuement épiloguer sur la manière dont on définit les traits morpho-syntaxiques de ces énoncés : s'agit-il d'énoncés en français avec des stratégies de surgénéralisation (*je*

---

[36] « L1 influence is consistently present in L2 lexical use. L2 learners have already learnt how their world and culture is reflected through language but they need new labels to relate the new language to prior knowledge. It is natural for learners to ascribe L1-based semantic properties and conceptual content to L2 words. » (2006 : 71). (= L'influence de la L1 est constamment présente dans l'usage du vocabulaire de la L2. Les apprenants de L2 savent déjà comment le langage renvoie à leur univers mais ils ont besoin de nouvelles étiquettes pour établir un lien entre la langue cible et leur connaissance préalable du monde. C'est tout à fait naturel pour des apprenants d'attribuer des propriétés sémantiques et conceptuelles de la langue première à des mots de L2.)

jouer ene ti peu = surgénéralisation de la forme infinitive au détriment de la marque flexionnelle appropriée) ? S'agit-il d'énoncés mixtes ? S'agit-il d'énoncés en créole avec des stratégies de francisation ? La relation génétique entre le créole et le français et les contacts entre ces deux langues rendent particulièrement difficiles une réponse définitive à ces questions. On peut au moins dire que le témoin tente de répondre dans la langue choisie par l'enquêteur et adopte une stratégie qui consiste à employer des traits qui appartiennent à cette langue. Dans E1, E3, E7 et E8, l'indice de francisation est le pronom personnel « je ». Dans E5 et E6, il s'agit du déterminant « le » et dans E2 et E4, il s'agit des lexèmes verbaux comportant un habillage morphologique de la langue française, « vient » et « part ».

Stacy :

E1 – Je jouer enn ti peu… E2 – Papi vient cherche moi

E3 – *Après je suyé ça…*(= Après j'ai essuyé cela) E4 – *Zotte part à l'école…* (= ils vont à l'école) E5 – Le chien dormi…

E6 – Le chien lévé

E7 – Je travaillé

E8 – *Je dormi ène ti peu...*

Des données recueillies dans des enquêtes réalisées en 2000 (Tirvassen,

2001) permettent d'identifier d'autres indices de francisation.

C'est en tout cas ce que révèlent les trois énoncés ci-dessous :

Li a prend ça la corde-là (= il a pris cette corde là) ;

Li a mangé ça (= il a mangé cela) ;

Li a riché poisson-là (= il a tiré ce poisson là).

Dans *Li a riché poisson* (pour quelqu'un qui tire sur sa canne à pêche), l'enfant utilise un terme créole *rise* mais substitue la fricative post-alvéolaire /ʃ / à la fricative dentale /s/, ce qui est, pour lui, une garantie d'appartenance du terme au français. On peut penser qu'il s'agit là d'un mode de catégorisation lexicale. On sait, en effet, que les enfants et les adultes associent les voyelles antérieures arrondies fermée /y/, mi-fermée /ə/ et semi-ouverte /œ/ ainsi que les fricatives post-alvéolaires /ʃ / et /ʒ / au français puisque ces phonèmes n'existent pas en créole basilectal. Dans le cadre de l'acquisition de L2, on peut penser que dans leurs premières phases d'acquisition du français, les enfants créolophones s'appuient sur des repères phonétiques pour catégoriser les lexèmes selon leur appartenance au français et au créole. D'ailleurs, même si Rachelle est à un stade plus avancé, elle a recours à cette stratégie quand elle substitue la voyelle /oe/ à /e/ dans *dizoeuf*.

On peut dépasser le cadre restreint que nous fournissent nos enquêtes de terrain pour aborder les renseignements qu'offre la littérature acquisitionniste au sujet des modalités de structuration du lexique en contexte bilingue. Gardons-nous contre toute tentative d'établir un rapport de cause à effet entre le développement du système phonologique et l'acquisition du lexique. C'est même une démarche inverse que de nombreux chercheurs adoptent puisque certains auteurs affirment que c'est l'acquisition du vocabulaire qui aide à structurer le système phonologique :

« *The ontogenesis of phonological awareness has, however, not been thoroughly researched. It seems possible that the development of phonological awareness is not immediately contingent on the perception of speech sounds (Gibbs, 1996). An alternative view, summarised and evidenced by Metsala (1999), is that the development of phonological awareness might be related to the growth in children's vocabulary.* » (Gibbs, 2004 : 13) (= L'ontogenèse de la conscience phonologique n'a toutefois pas fait l'objet de recherches avancées. Il est possible que le développement de la conscience phonologique ne dépende pas de la perception des sons du langage (Gibbs, 1996). Un point de vue alternatif, résumé et démontré par Metsala (1999) est que le développement de la conscience phonologique puisse être lié à la croissance du vocabulaire de l'enfant.)

Évitons d'entrer dans les méandres de ce débat qui consiste à interroger l'émergence du système phonologique. Contentons-nous d'autres réflexions sur le développement de ces deux sous-systèmes qui montrent que leur structuration est liée :

« However, the actual developmental relationship between phonology and vocabulary has been the subject of some speculation. On one hand Dollaghan (1994) suggested that children must have access to reasonably detailed phonological information in order to permit the growth of the lexicon. Aslin and Smith (1988) and Walley (1988, 1993) have suggested,

alternatively, that as more words are encountered, and therefore as the lexicon becomes larger, children will need to addincreasing phonological detail to lexical representations. (Gibbs, 2004 : 14) (= Toutefois, le lien que l'on établit en ce moment entre le développement de la phonologie et celui du vocabulaire est le fruit d'une spéculation. D'une part, Dollaghan (1994) est d'avis que les enfants doivent avoir accès à des informations phonologiques détaillées pour pouvoir accroître leur vocabulaire. Aslin et Smith (1988) et Walley (1988, 1993) sont, eux, d'avis, que lors de la croissance du vocabulaire, les enfants doivent ajouter des détails phonologiques importants à leurs représentations du vocabulaire.)

En contexte bilingue, on peut postuler qu'une des opérations de bas niveau consiste à substituer un phonème associé au créole par un phonème associé au français. C'est la raison pour laquelle Rachelle produit /dizoef/ alors qu'elle est à un stade plus avancé que les deux autres témoins. Par ailleurs, c'est parce qu'elle a recours à ce qu'on peut appeler son moniteur phonologique qu'elle emploie des termes qui ont une sonorité française : *balier* ; *galoupé* ; *déboute* ; *sisite* ; *déboute* ; *trappe.*

Le second aspect concerne les rapports entre le développement du lexique de l'enfant et la morphologie. Dans la littérature acquisitionniste, le rôle de la morphologie dans l'acquisition du vocabulaire ne fait l'objet d'aucun doute : « *All in all, the general observation is that morphology has a role to play in vocabulary acquisition.* » (Bertram & *al.*, 2000 : 288). (= De manière générale, on peut affirmer que la morphologie a un rôle à jouer dans l'acquisition du vocabulaire). Les données recueillies tendent à montrer que l'habillage morphologique constitue en effet le second critère qui permet aux enfants de catégoriser les lexèmes dans l'une ou l'autre langue. Ainsi que nous l'avons montré ci-dessus, l'essentiel des termes employés par Laval qui n'existent pas en créole sont des lexèmes verbaux qui fonctionnent avec les marques flexionnelles du français. Ce constat est encore plus vrai pour Stacy. Mis à part *jus* et *la maison*, tous les termes employés sont des lexèmes verbaux : *pars*, *lève*, *mange*, *vient*, *parle*, *regarde*. Ces données peuvent expliquer pourquoi nous postulons que le lexique n'est pas un sous-système déconnecté des autres sous-systèmes de la langue mais surtout que, reprenant (en la nuançant tout de même) une vieille hypothèse de Corder, nous sommes d'avis qu'en zone franco-créole, marquée par un contact entre des variétés de créole (dont la variété francisée) et des variétés du français régional (dont une variété exolingue), la délimitation des deux systèmes lexicaux est sans doute plus difficile et jamais totale à la différence de celle de la morphosyntaxe, plus rapide et plus « systématique ».

Si l'on tente maintenant une comparaison entre l'impact du filtre phonologique et celui des marques flexionnelles dans la construction du système de L2, on peut raisonnablement avancer que la phonologie tout en facilitant l'acquisition du vocabulaire voire même de certaines règles de la morphosyntaxe de L2 est aussi responsable de ce qu'on a appelé des « faux amis ». C'est d'ailleurs la raison pour laquelle un témoin comme Rachelle qui structure sa morphosyntaxe à partir de son système de L2 éprouve encore des difficultés. Toutefois, en même temps, nos observations tendraient à prouver que la proximité lexicale et phonologique entre le créole et le français permet aux apprenants créolophones de développer la détermination et en particulier la règle de l'accord plus facilement que les autres apprenants du FLE en raison de l'opération de bas niveau qui consiste à substituer un phonème « créole » par un phonème « français » pour passer d'un lexème créole à un syntagme nominal du français.

Reprenons l'hypothèse de Véronique qui affirme que l'apprenant de L2 est un explorateur interlinguistique. On peut penser que les données recueillies dans cet article éclairent non seulement le mode d'entrée dans le vocabulaire de L2 mais aussi la nature du processus de construction des sous-systèmes phonologique, morphosyntaxique et lexico-sémantique de L2. Les enquêtes conduites montrent que la nature de l'exploration interlinguistique n'est pas la même selon qu'il s'agit de la phonologie, du lexique ou de la morphosyntaxe. Cette question a été longuement abordée par Corder qui est d'avis que le processus de restructuration du système phonologique et celui de la morphosyntaxe ne doivent pas être confondus. L'appropriation de la prononciation est caractérisée par la restructuration progressive du système phonologique de L1 alors que le développement de la syntaxe *is a continuum of increasing complexity* (1994 : 23). Sur ce point d'ailleurs, la recherche récente reprend les propos du chercheur britannique :

« *For phonology, it should also be remembered that only perception, not comprehension is involved, since phonological units do not have meaning. It is therefore probable that, as Corder has argued, the motor-perceptual skills of phonological reception and production behave differently from the organizational skills of planning and identification.* » (Ringbom, 2006: 63) (= Pour la phonologie, on doit aussi se rappeler que seule la perception est impliquée et non la compréhension car les unités phonologiques n'ont pas de sens. C'est peut-être possible, ainsi que l'a suggéré Corder, que les aptitudes psycho-motrices de la réception phonologique et de leur production se comportent différemment des aptitudes organisationnelles de la planification et de l'identification.)

En zone franco-créole marquée par un contact entre des variétés de créole (dont la variété francisée) et des variétés du français régional (dont une variété exolingue), la structuration des deux sous-systèmes lexical et morphosyntaxique n'opère pas de la même manière. Alors qu'il n'y a pas d'interférence des règles grammaticales de L1 sur le système de L2 puisque les contraintes morphosyntaxiques empêchent le transfert d'une règle de surface de L1 à L2, la fluidité du vocabulaire qui opère au plan paradigmatique montre un tout autre aspect des rapports interlinguistiques entre créole et français. Pour montrer la nature différente du mode de construction du système grammatical et de celui de l'acquisition du vocabulaire, on peut se reporter aux informations fournies sur les français régionaux et les créoles. Nous avons affirmé, en nous appuyant sur les travaux de Chaudenson que, si le matériau linguistique des langues créoles est fourni par les français régionaux, la distance interlinguistique entre les variétés dialectales « souches » des créoles et les langues créoles est, au plan grammatical, en quelque sorte maximale. En tout cas, le système morphologique des créoles est éloigné de celui du français. En revanche, au plan lexical, la proximité des deux systèmes est connue. On peut penser que lors de la première étape du processus d'acquisition du français L2, l'apprenant doit éprouver de sérieuses difficultés pour tracer une frontière nette entre les deux systèmes.

Il serait toutefois simpliste de ramener le processus d'acquisition du vocabulaire au contact entre le créole (ou les variétés de créole) et la variété de français que développe les apprenants. L'appropriation d'une langue dans un contexte marqué par un éloignement de la norme « centrale » a sa logique propre. Cette dynamique explique l'aménagement sémantique de ce vocabulaire originaire du français hexagonal mais qui a un usage propre au français dialectal. Les dynamiques évoquées par Robillard peuvent être citées pour mémoire ici : extension de sens ; modification de sens ; spécialisation de sens ; transfert de sens, etc. On peut raisonnablement penser que l'on retrouvera aussi, dans les lectes d'apprenants, des phénomènes semblables. D'ailleurs, les productions de Rachelle fournissent quelques exemples précis :

regarder

je vais venir grande

tarranger (arranger) pour *réparer*.

Dans *venir*, employé avec le sens de devenir, la confusion ne s'explique pas seulement par la proximité phonique des deux mots mais aussi par leur proximité sémantique. De la même manière, *arranger* est certes employé avec son sens créole, mais on peut penser que le fait que ce soit un terme français avec d'ailleurs certains traits sémantiques proches de *réparer* explique son usage dans les productions de Rachelle.

Ces observations constituent, on peut le penser, l'amorce de la compréhension de la manière dont s'acquiert le vocabulaire du français dans un contexte de contact avec une langue qui lui est génétiquement proche. La poursuite de telles recherches devrait donner lieu à une modélisation didactique qui s'appuie sur une réalité linguistique spécifique. Ces observations doivent être réalisées à partir de techniques de recueil de données plus conformes aux hypothèses qu'elles veulent confirmer ; il faut donc entreprendre d'autres travaux. Les premiers pourraient porter sur la nature des rapprochements que l'on peut faire entre l'acquisition des différents sous-systèmes de la langue. Les seconds pourraient s'intéresser au lexique plus spécifiquement. Nous pensons que la distinction que Wolter établit entre les lexèmes qui n'impliquent pas une réorganisation conceptuelle (en gros l'acquisition de lexèmes qui entraînent tout simplement une opération paradigmatique qui consiste à substituer un terme de L1 par celui d'un lexème de L2) et ceux qui entraînent ce processus doit donner lieu à des recherches systématiques qui pourraient éclairer les modalités de l'acquisition du lexique de L2 dans ses rapports avec L1.

POSTFACE

Il est toujours délicat de prétendre vouloir ou pouvoir rassembler en quelques lignes ce qui peut ressembler à une postface ; d'une part parce que ce genre textuel n'est guère défini et laisse beaucoup de place à des interprétations, contextualisations[37], prolongements divers ; d'autre part parce que l'ouvrage ici offert présente une multitude de données essentielles pour l'avancée des recherches en sciences du langage. Rappelons cependant les données de l'ouvrage qui nous apparaissent les plus déterminantes.

De la relativité des contextes linguistiques et scolaires

La synthèse initiale présentée par Rada Tirvasen montre que les travaux portant sur les relations entre scolarisation et plurilinguisme sont encore trop peu nombreux pour construire une théorisation didactique satisfaisante, transcendant les contextes sociolinguistiques et susceptible de les appréhender efficacement. Pourtant l'ouvrage, dans sa totalité, apporte un éclairage décisif sur la situation plurilingue de Maurice, sans pour autant limiter la portée des résultats à ce seul pays. De fait, les différentes contributions accroissent globalement nos connaissances sur le processus de scolarisation des langues, tel qu'il se présente dans des contextes sociolinguistiques analogues ou proches, mais aussi de façon plus large sur les fonctionnements langagiers impliqués.

Aujourd'hui, en effet, nous cernons mieux les différentes situations plurilingues, en synchronie comme en diachronie, à travers des recherches sur la description des composantes

[37] Ainsi, contrairement à l'usage et à nos habitudes, nous n'insèrerons aucune référence bibliographique dans notre propos; elles seraient à la fois trop nombreuses (alourdissant d'autant notre démonstration) et inévitablement trop redondantes de celles qui figurent dans le présent ouvrage.

linguistiques : du lexique aux fonctionnements des discours, de la syntaxe à la pragmatique des interactions, de la phonologie à la sémiologie des textes... pour des langues en contact, comprises dans des combinaisons interlectales plus ou moins hétéronomes. Pourtant, si la plupart des travaux sociolinguistiques incluent la dimension éducative dans leurs objets et contextes de recherche, nous avons encore beaucoup à faire pour montrer en quoi l'école, en tant qu'institution, contribue ou non à la légitimation des usages qui en découlent, dans une socio-anthropo-ethno-linguistique intégrant de façon centrale les enseignements et apprentissages langagiers.

La situation exceptionnelle de Maurice, qui constitue un véritable observatoire du plurilinguisme, offre également la possibilité de relativiser les conceptions monologiques de l'apprentissage des langues dans des contextes supposés linguistiquement homogènes, comme dans la partie la plus hexagonale de la France. Les différents chapitres de l'ouvrage prouvent en effet que les conceptualisations linguistiques des élèves-mais aussi de leurs enseignants - intègrent nécessairement une reconfiguration des langues en usage. De fait, les apprentissages scolaires, de l'oral comme de l'écrit, entraînent un réexamen des poids respectifs des langues plus ou moins découvertes ou maitrisées ; et cet examen ne repose pas exclusivement sur les propriétés intrinsèques des langues en contact, mais aussi (surtout ?) sur les valeurs sociales, culturelles, idéologiques qu'on leur attribue. Ainsi, la situation multilingue de Maurice n'est sans doute pas aussi éloignée des situations où le monolinguisme semble la règle ou la loi. Car c'est essentiellement le point de vue politique et idéologique que l'on a sur la/les langue/s présente/s, dans ou hors de l'école, qui participe de l'invention du monolinguisme et, en l'occurrence, de notre fiction du français standard.

Et parce que les débats évitent toujours de situer les langues dans cet immense « marchandage économique », la stratégie multilingue de Maurice, tout comme la « réalité » monologale de la France, posent encore et toujours la question du rapport à la norme, que ce soit celle de la culture de référence - essentiellement écrite, des registres socialement reconnus *vs* imposés, des pratiques profanes *vs* académiques, qui entraînent *de facto* la reproduction linguistique par l'enseignement-apprentissage de conventions langagières et de formats discursifs. De ce point de vue, on peut penser que la situation politico-linguistique et éducative de Maurice est facilitée, car contrairement à la France (essentiellement métropolitaine), le plurilinguisme y est reconnu et participe de la construction identitaire, collective et individuelle[38]. Et l'école mauricienne ne s'y trompe pas, puisqu'elle contribue à l'appropriation linguistique des objets d'apprentissage des plus modernes aux plus académiques, sans dénigrer l'usage du créole au profit d'autres langues de diffusion et/ou de scolarisation, comme l'anglais et le français.

De ce point de vue, également, on ne peut que s'interroger sur les réticences idéologiques de l'école française - et au-delà de toutes les institutions du pays - à utiliser et promouvoir d'autres langues, qu'elles soient locales ou régionales, d'outre-mer ou européennes, de migrations récentes ou lointaines. Car, là encore, l'école apparaît bien comme le lieu où se cristallisent toutes les conceptions du linguistiquement admis, avec des arguments qui relèvent plus d'une *doxa* historiquement établie que d'une argumentation étayée scientifiquement. De fait, les oppositions au multilinguisme s'appuient rarement sur des données de recherches, notamment psycholinguistiques, car celles-ci montrent l'efficacité, à terme, d'un apprentissage combinant l'usage et l'étude de langues différentes.

De l'efficacité des apprentissages multilingues

L'apport des recherches psycholinguistiques – souvent circonscrites au bilinguisme familial – constitue aujourd'hui une source de données sans équivalent sur le processus d'acquisition des langues, qu'il s'agisse de l'influence et de la variabilité des contextes d'apprentissage ou qu'il s'agisse du développement opposé, réciproque, combiné... des différentes composantes, du phonologique au discursif. Les paradigmes de recherches en présence sont au moins aussi nombreux que ceux des approches

[38] Tout du moins en droit, car cette identité multilingue n'est parfois qu'une apparence qui recouvre mal des inégalités culturelles, sociales, économiques. liées à des communautés ethniques plus ou moins hiérarchisées.

sociolinguistiques ; ils s'inscrivent dans une épistémologie plutôt hétérogène de modélisations qui s'excluent le plus souvent : de l'innéité *vs* de l'acquis, du langage *vs* de la pensée, du lexical *vs* du syntaxique, du cognitif *vs* du connexionnisme... Pourtant, nous constatons aujourd'hui que les recherches les plus productives sont celles qui tentent d'associer des théories plurielles mais aussi des méthodologies complémentaires, inscrites dans des programmes nécessairement pluri-disciplinaires. Dans cette perspective, l'ouvrage dirigé par Rada Tirvassen nous semble ouvrir une voie aussi originale que pertinente, puisqu'elle associe les différents plans d'étude qui apparaissent désormais indispensables à une analyse circonstanciée des processus acquisitionnels à l'œuvre, notamment dans des contextes plurilingues comme celui de Maurice. Les contributions successives alternent des approches *longitudinales* liées à des observations ancrées dans le terrain scolaire, *expérimentales* à partir de l'étude de dispositifs didactiques contrastés, *descriptives* en relation avec des corpus recueillis et construits *in situ.*

De fait, les résultats obtenus ne sont pas nécessairement attendus et convergents : les langues de la scolarité mauricienne n'apparaissent pas équilibrées dans leur usage, mais aussi dans le rapport aux conceptualisations des savoirs ; c'est notamment le cas de l'anglais et du créole qui semblent se spécialiser pour la maitrise d'univers de connaissances différents. C'est la perspective développée par Auleear Owodally, qui s'inscrit résolument dans le paradigme aujourd'hui ouvert dans le champ didactique par les travaux sur l'acquisition de la littératie. Ainsi, la place des apprentissages de l'écrit, sous les deux versants de la lecture et de l'écriture, pose également, pour cet autre « ordre » langagier, la question du (dés)équilibre des trois langues enseignées : du créole, de l'anglais et du français, et de la capacité de chacune à agréger des apprentissages culturels, esthétiques, scientifiques, où le degré d'abstraction des connaissances agit sur les choix linguistiques et donc les performances des élèves.

Mais peut-il en être autrement ? De fait, la situation mauricienne rencontre inévitablement celle d'autres sociétés plurilingues - et même de sociétés à école (relativement) monolingue - où se confirment des résultats similaires, à savoir une préférence linguistique, voire une spécialisation, des langues en fonction des domaines disciplinaires. C'est aussi, fondamentalement, la forme écrite de ces langues privilégiées qui explique le passage facilité vers la construction des connaissances ; essentiellement parce que le travail de lecture, et surtout d'écriture, passe nécessairement par un plus haut degré de conscience cognitive et métalinguistique, lui-même décisif dans la conceptualisation des savoirs impliquées. La recherche exposée par Nita Rughoonundun-Chellapermal va dans ce sens ; elle analyse précisément les habiletés litéraciques d'une jeune enfant de huit ans confrontée à des tâches de différenciation des différentes unités et catégories de l'écrit, dans des protocoles expérimentaux dont les apports en termes de transposition didactique apparaissent déterminants. Mais là encore, les auteurs, et nous-mêmes, nous ne pourrons trancher sur le rapport de cause à effet dans l'efficience cognitive qui serait dû soit aux propriétés intrinsèques de ces langues, soit à l'impact des économies sociale, culturelle, éducative dans lesquelles elles se déploient.

Sur un autre axe, les rythmes d'acquisition des composantes linguistiques orales, notamment celles du créole en L1 et du français en L2, montrent la nécessité de raisonner en termes d'*interlectes*, et de décrire des procédures, tour à tour implicites et explicites, qui révèlent des parcours singuliers dans la catégorisation de la morphologie verbale, mais aussi des constantes dans le processus de francisation, un processus qui passe *vraisemblablement* par une différenciation des fonctionnements morphophonologiques et syntaxiques des deux langues. *Vraisemblablement* car l'auteur observe avec rigueur la même prudence sur le degré de généralisation de ce processus et sa transférabilité didactique. De fait, ces travaux en appellent d'autres : sur le plan acquisitionnel, tout d'abord, par la comparaison des parcours linguistiques obtenus dans des contextes plurilingues analogues ou contrastés ; au plan didactique, ensuite, par des expérimentations visant l'élaboration de protocoles d'apprentissage ajustés.

Enfin, concernant le développement lexical des enfants créolophones initiés au français[39], la dernière contribution de Rada

[39] Par ce substantif *français*, nous désignons de manière rapide et faussement uniforme une variété de français régional propre à l'Ile Maurice ; une variété

Tirvassen montre que l'appariement conceptuel ou *mapping* des jeunes enfants se réalise de façon singulière en situation plurilingue. L'étude longitudinale montre que l'importance du vocabulaire acquis en L1 (le créole) agit sur la quantité et la qualité des transferts en L2 (le français) ; ce qui explique la persistance d'interférences interlectales, comme les faux-amis, et que confirme par ailleurs toute une série d'études similaires. La conséquence est alors plus évidente sur le transfert des habiletés lexicales, qui s'établit plus facilement dans l'acquisition d'une L2 quand celle-ci est proche de la L1. En revanche, dans des zones épilinguistiques plus éloignées et systématiquement plus complexes, notamment celle de la morphosyntaxe verbale, la différenciation sera plus évidente et moins sujette à des interférences persistantes. Ainsi, les composantes des langues en présence - *i.e.* le lexique d'un côté *vs* la morphosyntaxe de l'autre - et leur plus ou moins grande proximité révèlent des parcours d'apprentissage et sans doute des rythmes d'acquisition opposés, si ce n'est inversés. Mais, au-delà des différences procédurales décrites ici, il apparait bien que la maîtrise des langues en contact passe par une « exploration » épi- puis métalinguistique qui distingue leurs différents plans d'organisation : du phonologique au sémantico-syntaxique. De fait, les transferts opérés s'établissent de façon plus ou moins autonome en fonction de ces plans.

Nous conclurons cette postface en montrant, comme les auteurs, que la description précise du processus d'acquisition des langues, sur les deux versants de l'oral et de l'écrit - et plus encore en situation plurilingue - contribue largement à la connaissance du fonctionnement de ces langues.

De fait, les implications didactiques, si elles apparaissent évidentes et essentielles, ne sont cependant pas les seules. Les apports psycholinguistiques sont également conséquents, notamment dans l'analyse contrastive et la compréhension des cheminements cognitifs et langagiers, qui sont parfois singuliers ou idiosyncrasiques, mais qui apparaissent également, souvent, génériques. De même, la description tout aussi précise des facteurs sociolinguistiques ou environnementaux, entre autres les modes

---

elle-même soumise redondantes de celles qui figurent dans le présent ouvrage.à des variations diatopiques et diaphasiques.

d'apprentissage, la place et le statut des langues en présence, leur plus ou moins grande légitimité économique, sociale, politique... détermine le processus d'apprentissage et nous conduit à saisir plus efficacement les dynamiques externes qui agissent sur leurs évolutions internes ; comme les jeunes enfants puis les élèves, les langues procèdent par différenciation phonomorphologique, extension sémantique, emprunt syntactico-catégoriel, transfert lexico-conceptuel, reconfiguration discursive. Et parce que les langues sont des créations humaines, les sciences qui les décrivent doivent également prendre en considération l'ensemble des facteurs qui en explique les fonctionnements intrinsèques et les évolutions extrinsèques, sans omettre ou écarter les modalités langagières et les procédures cognitives à l'œuvre lors de l'acquisition.

Jacques David

Université de Cergy-Pontoise Institut universitaire de formation des maitres Centre de recherche Textes et Francophonies EA 1392 – Pôle LaSCoD

Bibliographie[40]

ADONE, D., 1994, *The acquisition of Mauritian Creole*, John Benjamins Publishing Co, Amsterdam.

ALEMNA, A. A., 1982, « Factors affecting the reading habits of African children », *School Librarian,* n°30, p. 107-111.

ARNO, T & ORIAN, C., 1986, *Ile Maurice, une société multiraciale*, L'Harmattan.

ARNOLD, D. S. & WHITEHURST, G. J., 1994, « Accelerating language development through picture book reading : A summary of dialogic reading and its effects », in DICKINSON, D. K., (ed.), *Bridges to Literacy : Children, Families, and Schools*, Blackwell, Cambridge (MA), p. 103-128.

ARUA, E. A. & LEDERER, M., 2003, « What are students in Botswana's high schools reading ? », in ARUA, E. A., (ed.), *Reading for All in Africa. Building Communities where Literacy Thrives*, International Reading Association, Newark (DE), p. 26-29.

AULEEAR-OWODALLY, A. M., 2005, *The National Literacy Project : Problems and challenges*, Paper presented at the International Colloquium 'École et plurilinguisme, quelle gestion ?', MIE, Mauritius, 21-22 November 2005.

AULEEAR-OWODALLY, A. M., 2008, *Building Bridges to Primary Education in Mauritius ? Emergent Literacy Experiences in a Foreign Language Context : A Case Study of Preschool Children*, PhD Thesis, Graduate School in Humanities, University of Cape Town, South Africa.

BABAULT, S., 2003, « La question des langues d'enseignement à Madagascar : un équilibre difficile », in TIRVASSEN, R., (éd.), *École et plurilinguisme dans le sud-ouest de l'Océan indien*, L'Harmattan, p. 83-106.

[40] Sauf mention contraire, le lieu d'édition est Paris.

BAGGIONI, D. & ROBILLARD, D. de, 1990, *Ile Maurice, une francophonie paradoxale*, L'Harmattan, Coll. « Espace Francophone », 185 p.

BAGGIONI, D. & ROBILLARD, D. de, 1993, « Le français régional mauricien : une variété de langue en contact et en évolution dans un milieu à forte mobilité linguistique », in *Multilinguisme et développement*, Marquis Montmagny, Canada, Didier-Érudition, p. 141-237.

BAKER, P., 1972, *Kreol : a Description of Mauritian Creole*, C. Hurst & Co., Londres, 221 p.

BANDA, F., 2003, « A survey of literacy practices in black and coloured communities in South Africa : Towards a pedagogy of multiliteracies », *Language, Culture and Curriculum,* 16 (2), p. 106-129.

BANDA, F., GOUGH, D. H., BOCK, Z., DUNCAN, P., ANTHONISSEN, C. & FOSTER, D., 1998, « Learning about learners, learning about language », *AD Issues*, n°6, p. 3-41.

BARTNING, I., 1998, « Procès de grammaticalisation dans l'acquisition des prédications verbales en français parlé », *Travaux de linguistique*, n°36, septembre, p. 223-232.

BARTON, D., 1998, *Local Literacies : Reading and Writing in One Community*, Routledge, London.

BARTON, D., IVANIČ, R., APPLEBY, Y., HODGE, R. & TUSTING, K., 2007, *Literacy, Lives and Learning*, Routledge, London/New York.

BASSANO, D., 2005, « Production naturelle précoce et acquisition du langage : l'exemple du développement des noms », *Lidil, Revue de linguistique et de didactique des langues*, n°31, *Corpus oraux et diversité des approches,* p. 61-84

BAVOUX, C., (éd.), 1995, *Français régionaux et insécurité linguistique : approches lexicographiques, interactionnelles et textuelles : actes de la deuxième Table ronde du Moufia, 23-25 septembre 1994 : hommage au professeur Pierre Cellier*, L'Harmattan/Université de La Réunion, 192 p.

BAVOUX, C., 2003, « Fin de la vieille diglossie », in LEDEGEN, G., (éd.), *Anciens et nouveaux plurilinguismes, actes de la 6e table Ronde du Moufia, Proximités*, p. 53-72.

BENIAK, E. & MOUGEON, R., 1980, « Acquisition of past participle by L2 learners of French », in COPELAND, J. & DAVIS, P., (ed.), *The VIIth LACUS Forum*, Hornbeam Press.

BERNARDIN, J., 1997, *Comment les enfants entrent dans la culture écrite*, Retz. BERTRAM, R., LAINE, M. & VIRKKALA, M. M., 2000, « The role of derivational morphology in vocabulary acquisition : get a little help from my morpheme friends », *Scandanavian Journal of Psychology*, n°41, p. 287-296.

BIALYSTOK, E., 2001, *Bilingualism in Development : language, literacy, and cognition*, Cambridge University Press, Cambridge, XII-288 p.

BISSOONAUTH, A. & OFFORD, M., 2001, « Language use of Mauritian adolescents in education », *Journal of Multilingual and Multicultural Development*, 22 (5), p. 381-400.

BLANCHET, P., 2004, « L'identification sociolinguistique des langues et des variétés linguistiques : pour une analyse complexe du processus de catégorisation fonctionnelle », in *Actes du colloque, Identification des langues et des variétés dialectales par les humains et par les machines*, École Nationale Supérieure des Télécommunications/ CNRS, 31-36. (http ://www.limsi.fr/MIDL/ actes/session%20I/ Blanchet–MIDL2004.pdf).

BLANCHET, P., 2007, « Quels 'linguistes' parlent de quoi, à qui, quand, comment et pourquoi ? Pour un débat épistémologique sur l'étude des phénomènes linguistiques », *Carnets d'Atelierde Sociolinguistique*, n°1, http ://www.u-picardie.fr/ LESCLaP/ spip.php ?article172.

BLOCH, C. & EDWARDS, V., 1999, « Young children's literacy in multilingual classrooms : Comparing developments in South Africa and the UK », in IMAGE, L., (ed.), *Comparative Perspectives on Language and Literacy. Selected Papers from the Work of the Language and Literacy Commission of the 10th World Congress of Comparative Education Societies*, Cape Town, 1998, p. 611-621.

BLOCH, C., 1997, *Chloe's Story : First Steps into Literacy*, Juta & Co. Ltd, CapeTown.

BLOCH, C., 2000, « Young children's literacy learning in multilingual contexts, with special reference to South Africa », in TREWBY, R. & FITCHAT, S., (éds.), *Language and Development in Southern Africa. Making the Right Choice.* Conference proceedings, National Institute for Educational development, Okahandya, Namibia, 11-13 April, Gamsberg/MacMillan, Windhoek, p. 189-202.

BLOCH, C., 2006, *Theory and Strategy of Early Literacy in Contemporary Africa with Special Reference to South Africa.* Summary paper of a cumulative PhD thesis presented to the Faculty of Education, Carl von Ossietzky, Universität Oldenburg. Available on http ://www.uni–oldenburg/de/zsn/ dowload/CaroleBloch.pdf. Accessed 5 November 2006.

BROSSARD, M. & FIJALKOW, J., (éds.), 1998, *Apprendre à l'école : perspectives piagétiennes et vygostkiennes*, Bordeaux, Presses Universitaires de Bordeaux.

BRUNER, J., 1996, *L'Éducation, entrée dans la culture : les problèmes de l'école à la lumière de la psychologie culturelle*, Retz.

CALVET, L.-J., 1987, *La Guerre des langues*, Payot. CALVET, L.-J., 1993, *La Sociolinguistique*, PUF.

CALVET, L.-J., 1999, *Pour une écologie des langues du monde*, Plon.

CALVET, L.-J., 2007, « Pour une linguistique du désordre et de la complexité », *Carnets d'Atelier de Sociolinguistique*, n°1, http://www.u-picardie.fr/LESCLaP/IMG/pdf/Calvet–CAS–no1.pdf.

CARAYOL, M., 1997, « Vingt ans après », in HAZAEL-MASSIEUX, M.-C. & ROBILLARD, D. de, (éds.), *Contacts de langues, contacts de culture et créolisation*, L'Harmattan, p. 425-432.

CARAYOL, M. & *al*., 1985, *Particularités lexicales du français réunionnais*, Nathan.

CARLO, C., &. *al*., 2009, *L'Acquisition de la grammaire du français, langue étrangère,* Didier.

CENTRAL STATISTICS OFFICE, 2007, *Digest of Educational Statistics 2006*, Ministry of Finance and Economic Development, Mauritius.

CHAMBLISS, M. J. & MCKILLOP, A. M., 2000, « Creating a print – and technology – rich classroom library to entice children to read », in BAKER, L., DREHER, M. J. &

GUTHRIE, J. T., (eds.), *Engaging Young Readers : Promoting Achievement and Motivation*, Guilford, New York, p. 94-118.

CHAUDENSON, R., & RAKOTOMALALA, D., 2004, *Situations linguistiques de la francophonie : état des lieux*, AUF.

CHAUDENSON, R., 1989, *Créoles et enseignement du français*, L'Harmattan, coll. « Espaces francophones ».

CHAUDENSON, R., 1992, *Des hommes, des îles et des langues*, L'Harmattan. CHAUDENSON, R. & *al.*, 1993, *Vers une approche panlectale de la variation du français*, IECF/Didier-Érudition.

CHAUDENSON, R., 2001, « Le CAPES de créole(s) : approches linguistique et historique », *Études Créoles*, vol. XXIV, n°1, p. 37-79.

CHAUDENSON, R., 2003, « Français et créoles dans les aires créolophones », in ROBILLARD, D. de & BENIAMINO, M., (éds.), *Le français dans l'espace francophone,* Champion, t. 1, p. 423-429.

CHAUDENSON, R. & ROBILLARD, D. de, 1989, *Langues, économie et développement*, t. 1, Marquis Montmagny, Canada, Didier Érudition.

CHAUDENSON, R. & VERNET, P., 1983, *L'école en créole*, A.C.C.T.

CHAUVEAU, G., ROGOVAS-CHAUVEAU, E. & ALVES MARTINS, M., 1997, *Comment l'enfant devient lecteur ; pour une psychologie cognitive et culturelle de la lecture*, Retz.

CHILISA, B. & PREECE, J., 2005, *Research Methods for Adult Educators in Africa*, UNESCO, Institute for Education.

CLARK, E., 1985, « The acquisition of Romance with special reference to French », in SLOBIN, D. I., (ed.), *The cross-linguistic study of Language Acquisition*, vol. 1, Lawrence Erlbaum Associates, Hillsdale, NJ.

COMMEYRAS, M. & INYEGA, H. N., 2007, « An integrative review of teaching reading in Kenyan primary schools », *Reading Research Quarterly,* 42 (2), p. 258-281.

CORDER, P., 1993, « A role for the Mother Tongue », in GASS, S. M. & SELINKER, L., (eds.), *Language Transfer in Language Learning*, p. 18-31.

DABÈNE, M., 1991, « Un modèle didactique de la compétence scripturale », *Repères*, I.N.R.P., n°4, p. 9-22.

DAY, R., 1982, « Children's attitudes toward languages », in BOUCHARD RYAN, E. & GILES, H., (eds.), *Attitudes towards Language Variation*, p. 116-131.

DELACOURS LINS, S., 2000, *Clarté cognitive et apprentissage de la lecture, Étude longitudinale au Brésil,* Thèse de doctorat en sciences de l'éducation, Université René Descartes, Paris V, Sorbonne.

DLAMINI, V. T., 2003, « Cultivating a reading culture in a high school in Swaziland », in ARUA, E. A., (ed.), *Reading for All in Africa. Building Communities where Literacy Thrives*, International Reading Association, Newark (DE), p. 30-32.

DOWNING, J. & FIJALKOW, J., 1990, *Lire et Raisonner*, Toulouse, Privat.

DUMEA, P., 2003, « Promoting a reading culture : The Children's Book Project Experience », in ARUA, E. A., (ed.), *Reading for All in Africa. Building Communities where Literacy Thrives*, International Reading Association, Newark (DE), p. 57-60.

EGBE, G. B. & UWATT, L. E., 2003, « Producing materials in the classroom : The Karatu Big Book Production Experience », in ARUA, E. A., (ed.), *Reading for All in Africa. Building Communities where Literacy Thrives*, International Reading Association, Newark (DE), p. 113-114.

EISENLOHR, P., 2004, « Temporalities of Community : Ancestral Language, Pilgrimage and Diasporic Belonging in Mauritius », *Journal of Linguistic Anthrophology*, vol. 14, n°1, p. 81-98.

ELLEY, W., 1991, « Acquiring literacy in a second language : The effect of book- based programs », *Language Learning,* vol. 41, p°375-411.

ELLEY, W., 1996, « Using book floods to raise literacy levels in developing countries », in GREANEY, V., (ed.), *Promoting Reading in Developing Countries. Views on Making Reading Materials Accessible to Increase Literacy Levels*, International Reading Association, Newark (DE), p. 148-162.

ELLEY, W., CUTTING, B., MANGUBHAIN, F. & HUGO, C., 1996, *Shifting literacy levels with story books : Evidence from the South Pacific, Singapore, Sri Lanka and South Africa,* Proceedings of the 1996 world Conference on literacy. Available on http ://www.literacy.org.

FARRAR, J. M. & *al.*, 2005, « The emergence of phonological awareness : Connections to language and theory of mind development », *First language*, vol. 25, n°2, p. 158-172.

FERGUSON, C., A., 1972, « Diglossia » in *Language in education*, Routledge & Kegan Paul Ltd.

FERREIRO, E. & GOMEZ-PALACIO, M., 1988, *Lire-écrire à l'école, comment s'y apprennent-ils ?,* Lyon, CRDP.

FIJALKOW, J. 1993, *Entrer dans l'écrit*, Magnard. FIJALKOW, J., 1995, *Mauvais lecteurs, pourquoi ?,* PUF.

FIJALKOW, J., 2000, *Sur la lecture. Perspectives sociocognitives dans le champ de la lecture-écriture*, ESF éditeur.

FITTS, P. M. & POSNER, M. I., 1967, *Human Performance*, Brooks-Cole, Belmont (California).

FLICK, U., VON KARDOFF & STEINKE, I., 2004, « What is qualitative research ?

An introduction to the field », in FLICK, U., VON KARDOFF & STEINKE, I., (eds.), *A Companion to Qualitative Research*, Sage Publications, Thousand Oaks (California), p. 3-12.

FRANCIS, N., 2000, « Rincones de lectura comes to san isidoro : New contexts for biliteracy and language maintenance », *Language, Culture and Curriculum*, 13 (1), p. 31-50.

GAONAC'H, D., 1987, *Théories d'apprentissage et acquisition d'une langue étrangère*, Crédif-Hatier, Coll. « LAL ».

GASS, S., & SELINKER, L., (eds.), 1993, *Language Transfer in Language Learning*, John Benjamins Publishing Co.

GIBSS, S., 2004, « Phonological Awareness : An investigation into the developmental role of vocabulary and short-term memory », *Educational Psychology*, vol. 24, n°1, February 2004.

GOSSELIN, L., 2004, « Temps et aspect en français », http://rescif.risc.cnrs.fr/Ecole/temps_aspect.html.

GOUGH, D. H. & BOCK, Z., 2001, « Alternative perspectives on orality, literacy and education : A view from South Africa », *Journal of Multilingual and Multicultural Development*, 22 (2), p. 95-111.

GOUGH, D. H., 2000, « 'Discourse and students' experiences of higher education », in LEIBOWITZ, B. & MOHAMED, Y., (eds.), *Routes to Writing in South Africa*, Silk Road Publishers, Cape Town, p. 43-58.

GREANEY, V., 1996, « Reading in developing countries : Problems and issues », in GREANEY, V., (ed.), *Promoting Reading in Developing Countries. Views on Making Reading Materials Accessible to Increase Literacy Levels*, International Reading Association, Newark (DE), p. 5-38.

GUASTI, M. T., 2002, *Language acquisition*, MIT Press, Cambridge (Massachussets)/London.

HAMERS, J.-F. & BLANC, M., 1983, *Bilinguisme et Bilingualité*, Dessart & Mardaga, Bruxelles.

HAMERS, J.-F., 1997, « Interférence »,in MOREAU, M.-L.,(éd.), *Sociolinguistique*, Mardaga, Bruxelles, 1997, p. 178.

HAWKINS, R., 2001, *Second language syntax*, Blackwell Publishers.

HEATH, S. B., 1983, *Ways with Words: Language, Life and Communities and Classrooms*, Cambridge University Press, Cambridge.

HOLDAWAY, D., 1979, *The Foundations of Literacy*, Ashton Scholastic, Sydney (Australia).

HOLOWKA, S. & *al*., 2002, « Semantic and conceptual knowledge underlying bilingual babies' first signs and words », *Language Learning*, 52 (2), June, p. 205-262.

HOUSEN, A., 1998, « Le processus de grammaticalisation dans le développement de l'interlangue », *Travaux de linguistique*, n°36, p. 209-222.

HOUWER, A. de, 1990, *The Acquisition of two Languages from Birth : a Cas Study*, Cambridge University Press, Cambridge.

INHELDER, B., & de CAPRONA, D., 1992, « Vers le constructivisme psychologique : Structures ? Procédures ? Les deux indissociables », in INHELDER, B. & CELLÉRIER, G., (éds.), *Le Cheminement des découvertes de l'enfant*, Delachaux & Niestlé, Neuchâtel.

JOHNSON, D. M., 1992, *Approaches to Research in Second Language Learning.*University of Arizona/Longman.

JORDAN, G. E., SNOW, C. E. & PORCHE, M. V., 2000, « 'Project EASE : The effect of a family literacy project on kindergarten students' early literacy skills », *Reading Research Quarterly*, 35 (4), p. 524-546.

KLEIN, W., 1989, *L'Acquisition de langue étrangère*, Armand Colin.

KRASHEN, S., 2002, « The comprehension hypothesis and its rivals », *Selected papers from the Eleventh International Symposium on English Teaching/Fourth Pan-Asian Conference*, English Teachers Association/ROC, Crane Publishing Company, Taipei, p. 395-404.

KRASHEN, S., 2003, « Three roles for reading for minority-language children », in GARCIA, G. G., (ed.), *English Language Learners : Reaching the Highest Level of English Literacy*, International Reading Association, Newark (DE), p. 55-70.

MANESSY, G., 1994, *Le français en Afrique noire : mythe, stratégies, pratiques*, L'Harmattan.

MAURER, B., 2007, *De la pédagogie convergente à la didactique intégrée : langues africaines-langue française*, L'Harmattan.

MAURITIUS EXAMINATIONS SYNDYCATE, 2005, CPE Examination 2004.

MAURITIUS EXAMINATIONS SYNDYCATE, 2007, CPE Examination 2006.

MAURITIUS EXAMINATIONS SYNDYCATE, 2008, CPE Examination 2007.

MAURITIUS EXAMINATIONS SYNDYCATE, 2007, CPE Regulations and Syllabuses.

Available on http ://www.gov.mu/portal/sites/mesweb/cpe–section/ cpe2007–syllabusEnglish.pdf. Accessed 10 August 2008.

MCCARDLE, P., (éd.), 2006, *Childhood Bilingualism : Research on Infanc Through School Age*, Multilingual Matters Limited, Clevedon.

MINISTRY OF EDUCATION AND SCIENTIFIC RESEARCH, 2003, *Early Childhoo Education. Pre-school Programme Guidelines 3-5 years*, Mauritius.

MORROW, L.M., 2003, « Motivating lifelong voluntary readers », in FLOOD, J., LAPP, D., SQUIRE, J. R. & JENSEN, J. M., (eds.), *Handbook of Research on Teaching the English Arts*, Erlbaum, Mahwah (NJ), p. 857-867.

MURRAY, S., 2002, « Language issues in South African education : An overview », in MESTHRIE, R., (ed.), *Language in South Africa*, Cambridge University Press, West Nyack (NY), p. 434-448.

NEUMAN, S. B., CELANO, D. C., GRECO, A. N. & SHUE, P., 2001, *Access for All : Closing the Book Gap for Children in Early Education*, International Reading Association, Newark (DE).

NOYAU, C., 1991, « La temporalité dans le discours narratif. Construction du récit, construction de la langue. », *Thèse d'habilitation à diriger des recherches*, Université Paris VIII, 4 vol.

NOYAU, C., 1998, « Le développement de la temporalité dans le récit : processus de morphologisation et construction du texte », *Studi Italiani di Linguistica Teorica e Applicata*, Université Paris X-Nanterre, n°XXVII/1, p. 111-132.

NOYAU, C., 2001, « Le français de référence dans l'enseignement du français et en français au Togo », in FRANCARD, M., GERON, G. & WILMET, R.,

2000-2001, *Le français de référence. Constructions et appropriations d'un concept.* Actes du colloque de Louvain-la-Neuve (3-5 novembre 1999). vol. 2 : Cahiers de l'Institut de Linguistique de Louvain, 27 (1-2), p. 57-73.

NOYAU, C., 2001, « Typologie et dynamiques des langues : les études acquisitionnelles sur les processus de morphologisation temporelle », LINX, n°45, *Invariants et Variables dans les langues. Études typologiques*, p. 177-186.

NOYAU, C., 2004, « Appropriation de la langue et construction des connaissances à l'école de base en situation multilingue : du diagnostic aux actions », *Penser la francophonie : concepts, actions et outils linguistiques*, AUF/Éditions des archives contemporaines, p. 473-485.

NOYAU, C., 2004, « Rôle des pratiques d'enseignement et des modalités d'évaluation dans l'appropriation du français langue 'seconde' à l'école : le français face aux autres disciplines au Togo », *Marges Linguistiques*, juillet 2004, http ://ww.marges-linguistiques.com.

NOYAU, C., 2007, « Regards croisés sur l'appropriation du français en situation diglossique et la construction de connaissances via la scolarisation », in *Appropriation du français et construction de connaissances via la scolarisation en situation diglossique*, Actes du colloque international de l'Université Paris-X-Nanterre de février 2005, http ://colette.noyau.free.fr.

NUNAN, D., 1992, *Research Methods in Language Learning*, Cambridge University Press, Cambridge.

OLAOFE, I. A., 2003, « Building a reading culture in communities where adverse situations thrive », in ARUA, E. A., (ed.), *Reading for All in Africa. Building Communities where Literacy Thrives*, International Reading Association, Newark (DE), p. 96-100.

OSA, O., 1986, « The young Nigerian youth literature », *Journal of Reading*, n°30, p. 100-104.

PAROT, F. & RICHELLE, M., 2005, *Introduction à la psychologie*, PUF. PAVLENKO, A. et JARVIS, S., 2002, « Bidirectional transfer », *Applied linguistics*, 23/2, p. 190-214.

PIAGET, J., 1961, *La Psychologie de l'intelligence*, Armand Colin.

PIAGET, J., 1968, *Le Structuralisme*, Que sais-je ? PUF.

PRETORIUS, E. & MACHET, M. P., 2004, « The socio-educational context of literacy achievement in disadvantaged schools : Lessons for reading in the early years », *SAVTO Journal for Language Teaching*, 38 (1), p. 45-62.

PRINSLOO, M. & BREIER, M., (eds.), 1996, *The Social Uses of Literacy*, John Benjamins, Amsterdam.

PRINSLOO, M., 2005, *Studying Literacy as Situated Social Practice : The Application and Development of a Research Orientation for Purposes of Addressing Educational and Social Issues in South African Contexts*, PhD Thesis. Graduate School in Humanities, University of Cape Town, South Africa.

RAJAH-CARRIM, A., 2003, « A discussion of language tables from the 2000 Population Census of Mauritius », *Edinburgh Working Papers in Applied Linguistics,* n°12, p. 664-75.

RAJAH-CARRIM, A., 2005, « Language use and attitudes in Mauritius on the basis of the 2000 Population Census », *Journal of Multilingual and Multicultural Development,* n°26, (4), p. 317-332.

RAJAH-CARRIM, A., 2007, « Mauritian Creole and language attitudes in the education system of multiethnic and multilingual Mauritius », *Journal of Multilingual and Multicultural Development*, n°28, (1), p. 51-71.

RIGBOM, H., 2006, *Cross-Linguistic Similarity in Foreign Language Learning*, Multilingual Matters, Clevedon, GBR.

ROBILLARD, D. de, 1991, « Développement, langue, identité ethnolinguistique : le cas de l'Ile Maurice », in JOUANNET, F. & *al.*, (éd.), *Langues, Économie et développement*, t. 2, Didier-Érudition, p 123-181.

ROBILLARD, D. de, 1993, *Contribution à un inventaire des particularités lexicales du français de l'Ile Maurice*, Edicef/Aupelf.

ROBILLARD, D. de, 2002, «Visages de l'hétérogénéité linguistique des communautés créoles : contacts, diglossie, continuum, interlecte », in *Linguistique et créolistique*, Anthropos, Coll. « Univers créoles », n°2, p. 35-56.

ROBILLARD, D. de, 2005, « Quand les langues font le mur ; lorsque les murs font peut-être les langues : *mobilis in mobile*, ou la linguistique de Nemo », *Revue de l'Université de Moncton*, vol. 36, n°1, p. 129-156.

ROCHEX, J.-Y., 1995, *Le Sens de l'expérience scolaire : entre activité et subjectivité*, PUF.

RUGHOONUNDUN-CHELLAPERMAL, N., 2007, *Famille, enfant, école : Les représentations de l'école et de l'écrit d'enfants entrant dans l'écrit en langues étrangères. Études de cas conduites à l'île Maurice auprès d'enfants scolarisés âgés de 4 à 8 ans*, Thèse de doctorat, Université de Toulouse-Le Mirail.

RUSSELL, J., & INGRAM-HILL, S., 2006, *English Language Profiling Report for Mauritius*, Ministry of Education and Human Resources, Mauritius.

KULPOO, D., & SOONARANE, M., 2005, *The SACMEQ II Project in Mauritius: A Study of the Conditions of Schooling and the Quality of Education*, SACMEQ, Harare.

KULPOO, D., 1998, *The quality of education: Some policy suggestions based on a survey of schools*, SACMEQ Policy Research n°1, IIEP, Mauritius/Paris.

SLOBIN, D. I., 1985, *Crosslinguistic study of language acquisition*, vol. 1, Lawrence Erlbaum Associates.

SPRADLEY, J., 1980, *Participant Observation*, Holt, Rinehart & Winston, NewYork.

SRIPARTHY, M., 1998, « Language teaching pedagogies and cultural scripts : The Singapore primary classroom », in GOPINATHAN, S. & *al.*, (eds.), *Language, Society and Education in Singapore*, 2nd ed., Imes Academic Press, Singapore, p. 269-280.

STREET, B., 1984, *Literacy in Theory and Practice*, Cambridge University Press, Cambridge.

TIRVASSEN, R. & SONCK, G., 2003, « Aménagement linguistique en contexte scolaire à l'Ile Maurice : identifier des zones qui peuvent supporter le poids de la recherche », in TIRVASSEN, R., (éd.), *École et Plurilinguisme dans le sud-ouest de l'océan Indien,* L'Harmattan, coll. « Langues et développement », p. 107-127.

TIRVASSEN, R., 1991, « Le problème de la langue d'enseignement à l'Ile Maurice : une approche socio-politique », in JOUANNET, F., NKUSI, L., RAMBELO, M., ROBILLARD, D. de & TIRVASSEN, R., (éds), *Langues, Économie et développement*, t. 2, Didier-Érudition, Coll. « Langues et développement », p. 183-200.

TIRVASSEN, R., 1993, « Le bilinguisme créole français des enfants à l'Ile Maurice », in LUMAMWU, F., MISSAKIRI, M., NTSADI C. & TIRVASSEN, R., (éds), *Les Enfants, les langues, l'école : les cas du Congo et de Maurice*, Marquis Montmagny, Canada, Didier-Érudition, p.75- 152.

TIRVASSEN, R., 1995, « Le développement des aptitudes communicationnelles au pré-primaire à l'Ile Maurice ou la négation de l'apport de la sociolinguistique à la didactique des langues », in HAZAEL-MASSIEUX, M.-C. & ROBILLARD, D. de, (éds.), *Contacts de langues, contacts de culture et créolisation*, L'Harmattan, p 373-387.

TIRVASSEN, R., 2000, « Créole et école dans les îles du sud-ouest de l'océan indien : Pour des réformes inscrites dans un nouveau paradigme », *Études Créoles*.

TIRVASSEN, R., 2001a, *Appropriation des Langues à Maurice : Dynamiques d'Apprentissage et Facteurs Externes*, Mauritius Research Council, Rose- Hill.

TIRVASSEN, R., 2001b, *Facteurs externes et dynamiques d'apprentissage*, Rapport soumis au Mauritius Research Council, non-dif.

TIRVASSEN, R., 2003a, « La communauté linguistique plurilingue et sa gestion de la question du créole », in TUPIN, F., (éd.), *École et Éducation*, Anthropos, p. 89-110.

TIRVASSEN, R., 2003b, « Les langues orientales à l'Ile Maurice ou la problématique du coût de l'identité », in TIRVASSEN, R., (éd.), *École et Plurilinguisme dans le sud-ouest de l'océan Indien,* L'Harmattan, coll.« Langues et développement », p. 129-154.

TIRVASSEN, R., 2005a, « Le développement de la morphologie verbale des apprenants mauriciens de l'anglais et du français : les premières observations réalisées », in PLOOG, K. & RUI, B., (eds.), *Appropriation du français en contexte multilingue*, Presses Universitaires de Franche Comté, p. 117-135.

TIRVASSEN, R., 2005b, « Représentations sociolinguistiques en contexte bilingue : quelles enquêtes de terrain », in *Appropriation du français et construction de connaissances via la scolarisation en contexte diglossique*, Actes du colloque de l'université Paris-X-Nanterre, document sur Cédérom.

TIRVASSEN, R., 2005c, « Les préalables à des propositions d'aménagement linguistique à l'école maternelle en milieu plurilingue », *Le français dans le Monde*, Clé International, janvier 2005, p. 160-169.

TIRVASSEN, R., 2007a, « Le créole et l'école primaire à l'Ile Maurice : faut-il relativiser l'éclairage offert par la sociolinguistique ? », *Études Créoles*, vol. XXVIII, n°2, p. 91-117.

TIRVASSEN, R., 2007b, *Quelques préalables à l'élaboration de la didactique d'une langue en contact*, à paraître.

TIRVASSEN, R., 2007c, « École, langues et conflits identitaires en milieu plurilingue mauricien », communication présentée au Colloque internationale Transmission/appropriation des langues et construction des identités plurilingues, Paris III Sorbonne-Nouvelle, 6-8 juin 2007.

TIRVASSEN, R., 2009, *École et Langues maternelles dans les systèmes éducatifs des îles du sud-ouest de l'Océan Indien*, L'Harmattan, coll. « Espaces Discursifs. »

TOWELL, R., & HAWKINS, R., 1994, *Approaches to Second Language Acquisition*, Multilingual Matters Ltd.

TUPIN, F., 2003, « Contexte(s) sociolinguistique(s) et école à la Réunion : états des lieux », in TIRVASSEN, R., (éd.), *École et Plurilinguisme*, L'Harmattan, p. 43-66.

UNESCO, 1953, *L'Emploi des langues vernaculaires dans l'enseignement*, UNESCO.

UNESCO, 1955, *L'Emploi des langues vernaculaires dans l'enseignement*, UNESCO.

VARDELL, S. M., HADAWAY, N. L. & YOUNG, T. A., 2006, « Matching books and readers : Selecting literature for English learners », *The Reading Teacher*, n°59 (8), p. 734-741.

VÉRONIQUE, D., 1993, « Langue première, langue seconde, langue étrangère », in ROBILLARD, D. de & BENIAMINO, M., (éds.), *Le français dans l'espace francophone*, Champion, p. 459-470.

VÉRONIQUE, D., 1994, « Quel profil d'apprenant ? Réflexions méthodologiques », in *Acquisition et Interaction en langue étrangère*, *Encrages*, n°4, p.109-128.

VÉRONIQUE, D., 1998, « Existe-t-il des principes communs à l'élaboration des variétés d'apprenants et à la créolisation ?», *Cahiers d'acquisition et de pathologie du langage*, *CAlap*, n°16/17, p. 79-105.

VÉRONIQUE, D., 2005, « Comparer les langues : perspectives didactiques », in *Français langue d'enseignement, vers une didactique comparative, Le français dans le monde : recherches et applications*, CLE international, p. 18-26.

VYGOTSKI, L., 1997, *Pensée et Langage*, trad. de F. Sève, La Dispute.

WALTER, S., 1996, « Promoting children's book publishing in anglophone Africa », in GREANEY, V., (ed.), *Promoting Reading in Developing Countries. Views on Making Reading Materials Accessible to Increase Literacy Levels*, International Reading Association, Newark (DE), p. 130-147.

WEINREICH, U., 1953, *Languages in Contact*, La Haye, Mouton.

WHITEHURST, G. J., ARNOLD, D. S., EPSTEIN, J. N., ANGELL, A. L., SMITH, M. & FISCHEL, J. E., 1994, « A picture book reading intervention in day care and home for children from low-income families », *Developmental Psychology,* n°30, p. 679-689.

WHITEHURST, G. J., CRONE, D. A., ZEVENBERGEN, A. A., SCHULTZ, M. D., VELTING, O. N. & FISCHEL, J. E., 1999, « Outcomes of an emergent literacy intervention from Head Start through second grade », *Journal of Educational Psychology*, n°91 (2), p. 261-272.

WOLTER, B., 2006, « Lexical network structures and L2 vocabulary acquisition: the role of LI lexical/conceptual knowledge », *Applied Linguistics*, n°27, p. 741-74.

Table des matières

L'HARMATTAN, ITALIA
Via Degli Artisti 15; 10124 Torino

L'HARMATTAN HONGRIE
Könyvesbolt ; Kossuth L. u. 14-16
1053 Budapest

L'HARMATTAN BURKINA FASO
Avenue Mohamar Kadhafi (Ouaga 2000) – à 200 m du pont échangeur
12 BP 226 OUAGADOUGOU
(00226) 50 37 54 36
harmattanburkina@yahoo.fr

ESPACE L'HARMATTAN KINSHASA
Faculté des Sciences sociales,
politiques et administratives
BP243, KIN XI
Université de Kinshasa

L'HARMATTAN CONGO
67, av. E. P. Lumumba
Bât. – Congo Pharmacie (Bib. Nat.)
BP2874 Brazzaville
harmattan.congo@yahoo.fr

L'HARMATTAN GUINÉE
Almamya Rue KA 028, en face du restaurant Le Cèdre
OKB agency BP 3470 Conakry
(00224) 60 20 85 08
harmattanguinee@yahoo.fr

L'HARMATTAN CÔTE D'IVOIRE
M. Etien N'dah Ahmon
Résidence Karl / cité des arts
Abidjan-Cocody 03 BP 1588 Abidjan 03
(00225) 05 77 87 31

L'HARMATTAN MAURITANIE
Espace El Kettab du livre francophone
N° 472 avenue du Palais des Congrès
BP 316 Nouakchott
(00222) 63 25 980

L'HARMATTAN CAMEROUN
BP 11486
Face à la SNI, immeuble Don Bosco
Yaoundé
(00237) 99 76 61 66
harmattancam@yahoo.fr

L'HARMATTAN SÉNÉGAL
« Villa Rose », rue de Diourbel X G, Point E
BP 45034 Dakar FANN
(00221) 33 825 98 58 / 77 242 25 08
senharmattan@gmail.com

636747 - Janvier 2016
Achevé d'imprimer par

1livre.com
du rêve à la réalité !